Walther von Diest

Von Biebrich nach Antwerpen

Eine freie Rheinfahrt (1909)

weitsuechtig

Walther von Diest

Von Biebrich nach Antwerpen

Eine freie Rheinfahrt (1909)

ISBN/EAN: 9783943850321

Auflage: 1

Erscheinungsjahr: 2013

Erscheinungsort: Bremen, Deutschland

@ weitsuechtig in Access Verlag GmbH, Fahrenheitstr. 1, 28359 Bremen. Alle Rechte beim Verlag und bei den jeweiligen Lizenzgebern.

weitsuechtig

Von
Biebrich nach Antwerpen.

Eine freie Rheinfahrt

von

Walther von Diest.

Mit 50 Bildern Düsseldorfer Künstler und Liedern von Edmund Renoumont u. Karl Woermann.

Zweite Auflage mit Anhang:
„Der Borussia Meerfahrt"
„Eine Wickinger Fahrt"
„Vom Wannsee nach Hamburg"
„Kanu-Technik".

Im Selbstverlage des Verfassers.
Der Ertrag ist für Verbreitung des Schüler-Ruderns bestimmt.

Preis geheftet 3 Mark, gebunden 4 Mark.

Zu bestellen bei Oberst v. Diest, Wannsee bei Potsdam.
1909.

Vorwort
zur ersten Auflage.

„Wohlauf! Die Luft geht frisch und rein,
„Wer lange liegt, muß rosten —

es weht ein frischer Wind durch deutsche Gaue, Seewind ist's, von Angelland her, er soll hinein blasen in unsere Schul- und Studirstuben, in Comptors und Büros, Bierhäuser und Tabakshöhlen, verscheuchen soll er die dumpfe Luft der Faulheit und Pedanterie, welche die Wangen unserer Jugend weiß färbt, die Gehirne der Pädagogen ausdörrt, aus der Unnatur herauslocken die Menschen in die Natur, mit seinem Duft von Laub und Tannenwald, Wiesen, Feldblumen und Bergesquellen.

Deutsche Zeitschriften bringen Beschreibungen englischer Nationalspiele, die Tagesblätter fordern dringend Verminderung der Kopfarbeit für die Jugend, Vereine für Körperpflege bilden sich im Volke, ja sogar Regierungs- und Schulbehörden unternehmen es, sich mit der „Ueberbürdungsfrage" zu beschäftigen.

Am lautesten mahnend erschallen die Worte von Hartwichs Flugschrift: „Woran wir leiden?" Antwort: „An Ver- und Ueberbildung, an strotzendem Wissen im siechen Körper! Wir sollen uns aufraffen angesichts der erschreckenden statistischen Daten über den Rückgang der Gesundheit in Deutschland — dem Lande der Denker, aber auch der meisten Brillenträger — eingedenk des ewig wahren Spruchs mens sana in corpore sano, und eingedenk der hellenisch-klassischen Vorbilder, für die wir ja auf unseren Gymnasien — wo blieb die Grundbedeutung dieses Worts?!! — eine so große Verehrung predigen, sobald es sich um Syntax und Partikeln handelt."

„'Ne schlechte Sache wär's, die keine Gegner fände. —"

Der Widerstand gegen eine so tief einschneidende Bewegung ist natürlich auch nicht gering. Wohl sind die Zeiten vorbei, wo man in Deutschland einen Demokraten witterte in jedem, der einen Klimmzug machte; doch ist man selbst noch heute vielfach geneigt, solche von jeglicher Politik freie Strömungen für „revolutionär" zu halten.

Da hört man immer und immer wieder jene Worte, die gleichmäßig aus der Trägheit, selbst zu denken, wie aus der, selbst zu handeln, entspringen: „Unsere Väter und Großväter haben so gelebt und sich wohl befunden, wozu brauchen wir Neuerungen!" — Tief- ja sehr tiefsinniger Gedanke von Leuten, welche die Früchte unserer wahrscheinlich nach Hunderttausenden von Jahren zählenden Kultur gern genießen, die aber noch heute mit Schaffellen bekleidet in Höhlen wohnen würden, wenn der Menschengeist sich über ihren Horizont nie hinausgeschwungen hätte.

Auch der Aerger ist unter den Gegnern vertreten, wie ihn die Worte jenes alten Edelmannes kund tun, der gelegentlich der Einführung obligatorischen Turnens für Volksschulen ausrief: „Nun sollen die Bauernjungens noch Klettern gelehrt werden, und sie holen mir schon so viel Aepfel von den Bäumen!" —

Andere Widersacher sind jene Flachköpfe, die sich bemühen, an allem Neuen die lächerliche Seite heraus zu finden, um die Funken oder besser gesagt Wassertropfen ihres Witzes darauf zu sprühen; dann kommen die, welchen der Bauch ihr Gott und Tyrann zugleich ist, die sich eine Stunde lang über ein Beefsteak unterhalten können und in ihrem runden Bauch den Erdball sehen, mit ihnen in trautem Verein die Spezies der „Sophaschlangen", der „Schlafrockskrokodile", welche schon im Bewußtsein verlorener eigener Energie Bestrebungen abhold sind, welche ihre körperliche und geistige Ruhe stören könnten und deshalb nach Kräften auf die „Seiltänzer und Akrobaten-Klubs" schimpfen. Hat sich aber mal jemand, welcher dergleichen Uebungen treibt, den kleinen Finger dabei verstaucht, ist mal beim Rudern ein Boot umgeschlagen, etwa gar ein wirkliches Unglück passiert, dann geht erst das Predigen los gegen die „verrückten Krafthuber", gegen die „gottversucherischen Wagehälse"! Ungefähr mit demselben Recht könnte man gegen das Fahren auf der Eisenbahn eifern wegen der immer noch wiederkehrenden Entgleisungen, oder gegen den Theaterbesuch wegen der Katastrophe im Wiener Ringtheater, — nach welcher übrigens die allgemeine Frequenz ja wirklich abgenommen haben soll. —

Doch auch ernstere Einwände sind zu bekämpfen. Wir hätten zum Turnen und Spielen keine Zeit, Deutschland wäre zu arm, in England sei das etwas ganz anderes u. dergl. — Vorausgesetzt, dies wäre der Fall beim niederen Volk, — welches die jährlich zunehmenden Schankwirtschaften auch nicht leer stehen läßt, — sollten die besseren Stände keine Zeit haben? — — Wenn doch nur Teile des Früh-, Dämmerungs- und Abendschoppens geopfert würden, wenn eine Anzahl jener geselligen Belustigungen fortfielen, die „Commißpeccos", „sauren Möpse", „General-Abfutterungen", deren Name schon die dort gebotenen Gemütserfrischungen kennzeichnet, die bei Gästen und Gastgebern mit demselben Stoßseufzer schließen: Gott sei Dank, auch dieses ist überstanden! — Zeit würde sich schon finden.

Was aber die Armut anbetrifft — da werden die großartigsten Turnhallen gebaut, und man bedenkt nicht, daß eine Gesellschaft junger Engländer sich mit einem Fußball auf grünem Rasenplatz mehr und gesundere Bewegungen macht, als eine Abteilung fanatischer deutscher Turner an kostspieligen Gerüsten in staubiger Halle. Es ist auch gar nicht Jedermanns Ding, sich zur Erholung an bestimmten Tagen, zu festen Zeiten, in strengen Formen die Glieder turnerisch drillen zu lassen — an Turnspielen aber, die zugleich mit allen Muskeln das Auge üben, Anmut, Geschicklichkeit, Entschlossenheit herausbilden, an gemeinsamen Wanderungen und Fahrten, die auf Gemüt und Geist ebenso erfrischend wirken, wie auf den Körper — daran muß jeder Gefallen finden, dem überhaupt noch „der Mut in der Brust die Spannkraft übt" und der ein frühes „schreckliches Greisenalter" verscheuchen will.

Es muß und wird anders werden in unserem Vaterlande. Die Pflege des körperlichen Wohles, die Uebung der Leibeskräfte wird in ihre Rechte treten, ja es muß wieder dahin kommen, daß selbstverschuldete körperliche Schwachheit und Unfähigkeit, wie die geistige, gerade dem Manne besseren Standes zur Schande gereicht! —

Die folgenden Blätter sind im Geiste dieser Strömung geschrieben.

Ihre Veröffentlichung möchte dieselbe auf ein besonderes Gebiet, auf das des Reisens, leiten.

Die Körperpflege soll im Menschen die Gefahren der Zivilisation bekämpfen; sie ist auch eine „Heilkunde", wirkt aber durch andere Mittel wie die Medizin.

Die Erfindungen auf allen Gebieten des Lebens, Pulver und Dampfkraft, statische und dynamische, hydraulische Maschinen, ja schon elektrische Strömungen wirken zusammen, den Muskeln des Körpers ihre Arbeit zu erleichtern oder ganz abzunehmen. Gesetze und Polizei schützen das Dasein, der Kampf um dasselbe ist auf geistiges Feld verlegt, er erfordert keine Uebung der Leibeskräfte mehr. Zu gleicher Zeit vermehren sich die schädlichen Einflüsse, es werden immer mehr der sitzenden, brustverdrückenden, augenverderbenden Berufsarten, die Vielseitigkeit unseres Zeitalters füllt die Köpfe an zum Zerspringen, Selbstmorde, sogar schon bei der Jugend, mehren sich, Kliniken, Siechen- und Irrenhäuser wachsen zu ganzen Stadtvierteln. „Heiliger Scharnhorst! hätten wir den großen Riesendoktor, unsere allgemeine Wehrpflicht nicht, wir wären bereits ein bejammernswertes, verzweifeltes Geschlecht!!" (Siehe Hartwich.)

Wunderbar ist es nur, daß der weitblickende Geist des neunzehnten Jahrhunderts nicht mehr darauf gedacht hat — statt immer erst das groß gewachsene Uebel — schon die Wurzel, den Keim desselben zu vernichten. Dies will die „Körperpflege" — aber nicht, indem sie den Körper pflegt und schont, wie einen Kranken:

„Seht, wie die Muße gemach den trägen Körper zerrüttet,

„Wie das Wasser im See ohne Bewegung verdirbt —

so sprach einst der Dichter Ovid, und mit ihm verstehen wir unter „gut leben" ungefähr das Gegenteil von dem, wie ein heutiger „bon vivant" diesen Begriff sich auslegt. Sind doch auch die Aerzte darin einig, daß nichts den menschlichen Organismus gegen schädliche Einflüsse, Erkältungen, ja sogar gegen die meisten Ansteckungen, so gut schützt, gewissermaßen panzert, wie Muskeltätigkeit in guter Luft.

Deshalb will unser Verein*) für die in geschlossenen Räumen arbeitenden Volksklassen, Schüler, Fabrik- und Büroarbeiter, vor allem anderen Turnspiele im Freien, Wanderungen, Fahrten anregen, für die wohlhabenderen Stände unter ihnen auch weitere Reisen. Doch was für Reisen? —

Der innige Zusammenhang zwischen Körper und Geist wird

---

*) Der i. J. 1882 in Düsseldorf gebildete „Zentralverein für Körperpflege", später eingegangen.

immer noch unterschätzt. Damit die „Körperpflege" ersprießlich wirke, möglichst allgemeinen Anklang finde, muß sie sich weit entfernt halten von Askese und Kraftmeierei, vielmehr darauf denken, daß die große Hälfte des Vorteils dem Gemüte zu Gute komme.

Wie steht es denn aber mit der Bereicherung des Gemüts auf unseren modernen Reisen?

„Wer nur ankommen will, mag im Wagen fahren, aber wer reisen will, muß zu Fuß gehen" — so sagte auf die damaligen Reisemittel Bezug nehmend J. J. Rousseau vor hundert Jahren. Und doch — welchen Vorteil hatte selbst eine Reise im damaligen Wagen verglichen mit der im heutigen Schlafwagen oder Waggon erster und zweiter Güte!

Da sitzt oder liegt der Reisende von heute neben Reisegefährten, die auf der Pacific- oder Kaukasusbahn wenig verschieden sind. Ein Gespräch kommt aus gegenseitiger Steifheit nicht zu Stande; er begeistert sich an dem Gedanken, mit dem Expreßzug in elf Stunden von Köln nach Paris zu gelangen — „er will nur ankommen" — aus dem internationalen Woggon fährt er nach internationalem Tarif in ein internationales Hotel, wo ihn der internationale Kellner — oh süßer Klang — in heimatlicher Zunge anredet und ein internationales Kotlett zu internationalem Preise serviert. Dann geht es „treu nach Bädeker" in sämtliche Museen, Galerien und Kirchen, er hat das kolossale Glück, die richtigen Tage zu treffen und innerhalb kaum einer Woche alles zu sehen — was zu sehen ist. Auch die Rückreise geht ohne Sitzenbleiben von Statten, er nimmt natürlich auf der schon bekannten Route der Hinfahrt wieder den „süperben Nachtzug" wo man in Frankreich einschläft und in Deutschland aufwacht, und siehe da — er ist im Auslande gewesen, hat seinen Geist bereichert — seinen Horizont erweitert?! — —

Es sind übrigens grundverschiedene Menschen, die solche schablonenartigen Reisen machen. Absehend von den Geschäftsreisenden, die genötigt sind, dies System zu befolgen, möchte ich sie einteilen in solche die ihrer Geistesanlage und Lebensanschauung zufolge nichts anderes wünschen, für andere Reisegenüsse gar nicht empfänglich sind, und solche, welche diese Art zu reisen unbefriedigt läßt, weil sie anders zu reisen nicht verstehen.

Letzteren ist die Aufzeichnung der folgenden Erlebnisse besonders gewidmet, ihnen soll die Schilderung des entgegengesetzten Extrems dartun, daß es auch noch unter den Verhältnissen unseres Zeitalters möglich ist, zu reisen, ohne fortwährend durch den Lärm der Dampfpfeifen, Abfahrtsglocken oder von frackwedelnden Kellnern aus idealer Stimmung geschreckt zu werden. Vielleicht werden sie dadurch, wenn nicht zu gleichen, so doch zu ähnlichen Fahrten angeregt. Die anderen so zu sagen „I. Klasse Reisenden" lesen diese Zeile vielleicht auch, ergötzen sich an der Donquichotiade und preisen nach wie vor die Erfindung des „Sleeping Car."

Düsseldorf, im Juli 1882.

Der Verfasser.

Vorwort
zur zweiten Auflage.

Fast ein Menschenalter ist verflossen, seit ich den „Deutschen Strom" hinabfuhr und meiner Begeisterung Ausdruck gab in Worten, deren Klang erhöht wurde durch die Hilfe der Künstler, der Sänger vom Rhein. Viel um mich her ist gewandelt, nur das Rudererherz schlägt wie früher und ist jung geblieben, frisch Gottlob auch der Körper, wenn auch hier — mutatis mutandis!

Der deutsche Sport ist kräftig gewachsen seit jenen Tagen. Vor allem ist er vorgedrungen in Schulen und akademische Kreise, freudig kämpfend gegen Zopf und Philistertum, Tabak, Bier und Skatspiel. Von England und vom Rhein her fuhr der „frische Wind" durch alle Provinzen, bis hinauf in den Zipfel von Memel. Kaum eine größere deutsche Stadt am Wasser blieb ohne Ruderklub. Daneben blühen über hundert Schülervereine. Das Eingreifen unseres Kaisers, sein machtvoller

Hinweis in die „Zukunft auf dem Wasser" übt seine Wirkung; verscheucht ist die schwarze Krähenschaar der Pedanten beiderlei Geschlechts am Stammtisch und im Kaffeekränzchen, mit ihren Warnungsrufen, Bedenken und Sorgen vor Gefahren, die je mehr sich vergrößern, je ferner jemand steht vom Wasser, vom Sport — von der Jugend! Und fröhlich fahren in der Ferienzeit die Schülerboote die deutschen Flüsse hinab bis zum Nord- und Ostseestrand, hin an der Meeresküste streifen sie, zum Anschauen unserer Flotte, unserer Werften, Reeden und Kriegshäfen.

So ist es nun kein Wunder, daß die Frage nach der „Freien Rheinfahrt" wieder laut wurde, nach ihren Bildern, die Manchem unvergeßlich geblieben, zugleich mit dem Wunsche, daß auch dem jüngeren Rudergeschlecht nochmals erzählt würde, wie auf dem Rhein gerudert, gesungen und getrunken wurde in „alter Zeit".

So sei denn das Buch nochmals hinausgesandt mit „sportlichem Gruß" an alle Rudergefährten im weiten deutschen Land. Das Gewand ist bescheidener als früher, da Prunksucht und Preis seinen Lauf hemmten; der Inhalt aber derselbe, der Bildschmuck unverwischt, wie ihn der Edelmut der Künstler damals gespendet. —

Als Anhang erscheint der Bericht von zwei Fahrten an der baltischen Wasserkante, welche dartun, daß auch unsere Ostsee für Sportboote durchaus kein „mare clausum" ist. Gleichzeitig geben sie ein Bild davon, wie Geist und Gedanke der „Freien Rheinfahrt" in der Familie sich vererbten. Möchte auch solche Vererbung Verständnis finden und den Vätern immer klarer werden, daß sie nicht nur durch Ueberwachung der „Schularbeiten" und durch steten Hinweis auf den „Ernst des Lebens" die Erziehung der Söhne fördern, sondern indem sie auch bei Sport und Spiel sie leiten, begleiten, solange als irgend die alternden Glieder es gestatten. Hierbei gedeiht am besten die schönste Frucht der Erziehung, die „väterliche Freundschaft".

Eine „Bootreise mit Damen" bringt der Anhang „Vom Wannsee nach Hamburg" — möchte auch diese fröhliche Nachahmung finden.

Mit besonderem Danke sei noch der freundlichen Mitarbeiterschaft des „Berliner Kanu-Klubs" gedacht, der die „zweite Auflage" um eine wichtige Zugabe bereicherte, die „Technik des Kanusportes". Unbestritten ist freilich nach wie vor die gymnastisch höhere Bedeutung des Ruderns im Rollsitz gegenüber dem „Paddeln", doch wird dieses vor jenem niemals den Wert verlieren für den, der ohne jeden Zwang in Einsamkeit und Ruhe den reinsten Genuß der Natur empfindet.

Dank gebührt schließlich unserem hohen Kultusministerium, welches ein „pädagogisches Unschädlichkeits-Attest" meinen Ansichten ausstellte damit, daß zweihundert Stück des Büchleins im Voraus von ihm bestellt wurden.

Und wer das Ganze mit Wohlwollen gelesen, der bedenke, daß schon mit dem Erwerb weniger Exemplare er einem ärmeren Schüler hilft zu Nutz und Freude am Wasser, zum Eintritt in einen Ruder=verein. Denn um unsere Jugend müssen wir werben, unablässig — wenn wir sie haben, dann liegt im besten Sinne des Kaiserwortes

„Deutschlands Zukunft auf dem Wasser!"

Wannsee bei Potsdam, im Juli 1909.

Der Verfasser.

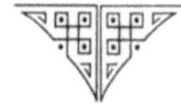

Erste Fahrt

von Biebrich nach Düsseldorf.

Epheu von dem Schutt der Zeiten —
Goldne Rebe — Ährenkranz,
Altehrwürd'ge Herrlichkeiten —
Junges Streben — neuer Glanz.

Leise Aeolsharfenklänge —
Ferner dumpfer Glockenschall —
Lebensfluten, Weltgedränge —
Lied beim schäumenden Pokal!

Schifflein du im Wellentanze —
Seele du im Windesweh'n —
Rheinstrom — Leben — Welt, du ganze,
Wie bist du so wunderschön!

Edm. Henoumont.

Erstes Kapitel.

Es war in den letzten Tagen des Wonnemonds, die Erde prangte in vollentwickelter, jungfräulicher Schönheit und Frische — da traf ich mit meinem Freunde und Wasserbruder Ernst v. Pfeffer in Biebrich zusammen. Er brachte die nächst Zeit und Geld wichtigsten Reiseerfordernisse: Fortbewegungsmittel, Obdach und Gepäck in Gestalt von zwei Booten und ihrem Inhalt mit, deren National hier folgen zu lassen, nach den genannten Verdiensten wohl der Mühe wert erscheint.

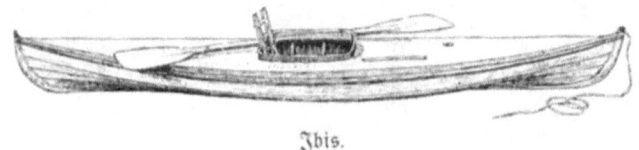

Ibis.

Nr. 1. **Ibis**, Kanu, geborener Engländer aber naturalisirter oder vielmehr kolorierter Deutscher, weil ursprünglich poliert, jetzt derb schwarz-roth-weiß angestrichen. Länge 13 Fuß, Breite 3 Fuß, Gewicht 37 Kilogramm. Beladen wie folgt:

Im Teil a eine Rolle an drei Stellen mit Lederriemen geschnürt, bestehend aus einer Guttapercha- und einer wollenen Decke, einem dicken langen Mantel und einem Baschlick.

Im Teil b ein länglicher Lederkoffer, enthaltend Wäsche, einen „zweiten Anzug".

Im Teil c eine Umhängetasche mit kleineren Gegenständen der Toilette, Berlepsch's Westdeutschland und 4 Sektionen der Liebenowschen Karte der Rheinprovinz (Frankfurt, Köln, Trier, Münster). Ferner dient dieser Raum noch als Büffet,, Speisekammer, Weinkeller, birgt noch in sich Teller, Messer, Gabel, Löffel, eine Laterne mit Licht und Tandstickors, kalte Küche und last not least 2 Steinkruken mit landesüblichem Getränk.

Kanu-Toilette.

Die Oeffnung des Bootes ist mit einem leichten Blechdeckel durch zwei Vorlegeschlösser und Krampen neben der Oeffnung verschließbar, welcher vor dem Einsteigen unter den Sitz gelegt wird.

Nr. 2. **Salm,** Süß- und Salzwasserfisch, aus Bonn am Rhein gebürtig, unterscheidet sich von seinem Gefährten nur durch etwas leichtere Bauart.

Auf dem Vorderdeck des Ibis sitzt der dritte Reisegefährte: Name: Bartolo, Pudel; 2 Jahr alt, disciplinarisch oft, gerichtlich noch nicht bestraft. Besondere Kennzeichen: fanatischer Wassersportsmann, unübertrefflicher Schwimmer. —

Bekleidung: juppenartigen Rock, der beim Rudern abgelegt wird,

rot=weißem Trikohemde, Aermel nur bis zum halben Oberarm, Drillich=
hosen, Schnürschuhen aus ungeschwärztem Leder, mit starken auf
Wanderungen berechneten Sohlen, schwarzem Filzhut mit breiter
Krämpe. Derselbe ist dem Strohhut vorzuziehen, welch letzterer Regen
und sonstiges Naßwerden nicht aushält. Bei starker Hitze kann man
ihn mit einem weißen Schleier bedecken, der zugleich als Schutz des
Nackens hinten über hängt.

Betreffs der bloßen Arme muß ich warnen, dieselben von vorne
herein der Sonne auszusetzen. Dieselben müssen vielmehr vorsichtig
daran gewöhnt werden, weil durch plötzliches starkes Verbrennen
Blasen und Wunden wie durch Verbrühen mit heißem Wasser ent=
stehen, auch wohl die Arme bis zur Bewegungsunfähigkeit anschwellen.
Ein weißer, bis zum Halse reichender Shirtingüberzug ist hiergegen
zu empfehlen. Ist die Haut einmal abgehärtet, so ist es viel ange=
nehmer, mit bloßen statt bekleideten Armen zu rudern; die Aermel
werden beim Paddel=Rudern leicht naß. Noch sei darauf aufmerksam
gemacht, daß die ungewöhnte Haut nicht nur in hellen Sonnenstrahlen,
sondern oft schon durch den ungewohnten Reiz der Luft bei trübem
Wetter verbrennt.

Unsere Bewaffnung besteht in einem doppelschauflichen Ruder
(Paddel), 8 Fuß lang, einem Regenschirm mit bequemen Handgriff
und Eisenspitze und einem Schlagring.

Gegen Mittag lösten wir die Ketten, welche uns an der Kultur,
die Boote an der Schwimmanstalt der Biebricher Unteroffizier=Schule
festgehalten, und schwammen im klaren Sonnenschein den herrlichen
Rheingau herab. Die Frühlingssonne hat uns auch freundlichen Ant=
litzes bis Düsseldorf geschienen. Wir hatten 10 Tage Zeit bis zum
Ziel unserer Reise. Das war reichlich und wir beabsichtigten daher
bis Bonn recht langsam zu fahren. Für heute war Stelldichein mit
einem in Wiesbaden angetroffenen Freunde, Hauptmann Könhorn
aus Wesel, nach Erbach verabredet.

Gegen vier Uhr legten wir an der diesem Ort vorliegenden In=
sel an. Während Ernst unter den herrlichen Buchen ein Lager auf=
schlug, fuhr ich nach dem Orte hinüber und wollte eben mit einer
Batterie Hattenheimer und Proviant beladen vom Ufer wieder ab=
stoßen, als K. eintraf. Er war von Eltville zu Fuß gekommen.

Nun galt es, nicht nur den Hattenheimer, sondern auch den Hauptmann unversehrt zu unserer „Restauration" zu bringen, welche von Erbach durch das hier stromschnellenartig fließende Rheinwasser getrennt ist. Im Boote hatte nur einer Platz; da hinein wurde K. und die Flasche sorgfältig verstaut, als Schlepper kam Ernst von drüben und es begann der berühmte „Uebergang von Erbach."

Voran der Salm, auf der Spitze desselben Bartolo, darinnen mein Genosse, angekettet im Ibis sitzend der Kapitän, dahinter schwimmend und lenkend, ich — so durchfurchten wir die rauschende Flut wie eine mit Vor= und Nachhut marschierende Kolonne. Drüben begann ein wackeres Zechen; wir tranken der in den Strom tauchenden Sonne den Scheidegruß zu, beförderten den Freund wieder nach Erbach zurück und schieden mit dem Versprechen, demnächst in Wese seine Gäste sein zu wollen.

Dann brachen wir das Lager ab und ruderten stromauf bis zur Villa Sicambria bei Eltville. Wir gedachten dem Besitzer, Ernst's Corpsbruder, nur einen kurzen Besuch zu machen, wurden aber in diesem paradiesischen Orte einen ganzen Tag mit einer Gastfreundschaft festgehalten, von der sich nur der die richtige Vorstellung macht, welche das gleiche Glück genoß.

Am Mittwoch Nachmittag ging es weiter, im Sonnenstrahl erglänzten rechts die Berge, wie von Zauberhand geführt glitten wir über den Wasserspiegel. Das ist es, was dem Rheine gerade auf dieser Strecke eine unvergleichliche Majestät verleiht, — die Ruhe in der doch so gewaltigen Bewegung — und hierin liegt ein Reiz, den man vom Dampfer aus nie, auch nur annähernd, so empfinden kann, wie wir im winzigen Nachen. Halten wir den Blick mitten im Strom vor uns in's Wasser gerichtet, so glauben wir still zu stehen, treiben wir an einer der vielen Inseln, sog. Auen vorbei, so gewahren wir die Vorwärtsbewegung, welche ohne Ruderschlag in einer Stunde fast eine Meile fördert, bei mäßiger Anstrengung aber schon einem flotten Trabe gleich kommt.

Von Eltville an treten die Berge immer näher an das Ufer heran; die Wärmeausstrahlung der Mittagssonne, von dem Riesenreflektor des Stromspiegels unterstützt, wirkt deshalb intensiver auf die Rebenhänge. Die „Marken" werden somit gen Westen immer besser — sagten wir uns — und den durstigen Blick nach rechts gewandt, ließen wir Rauenthal, Kiedrich, Hattenheim, Oestrich, Schloß Vollrath

Rhein-Uebergang bei Erbach.

Erstes Kapitel.

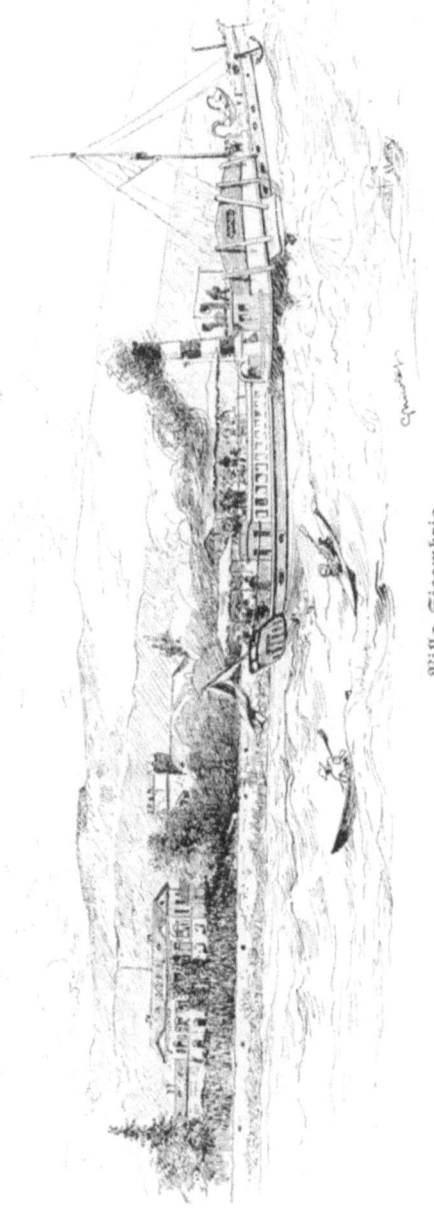

Villa Sicambria.

an uns vorüber ziehn und drückten nicht eher unsere Schifflein zum Lande, als bis, vom Abendrot bestrahlt, Schloß Johannisberg neben uns und des Rüdesheimer Berges lieblich winkende Rundung vor uns erschimmerte.

„Hier wollen wir Hütten bauen" — sprachen wir untereinander in inniger Seelenverwandtschaft, und es ward aus Abend und Morgen die erste Biwaksnacht auf der Rheinau. Als Allein-Herrscher nahmen wir Besitz von der Insel. In lauschige vom Blätterdach überwölbte Bucht gleiten die Boote. Das Lager wird gebreitet, zwischen uns stehen die Krüge, aus Geisenheim.

Den Blick auf den Sternenhimmel gerichtet, der sich vor uns in den Fluten spiegelt atmen wir die balsamische Frühlingsluft, welche vom Niederwald her über die Wasser weht, und trinken Jugendlust, Lebenskraft, aus vollem flammenglühendem Becher.

> Ich trinke dich heilige Frühlingsluft
> Rose du sei mein Becher!
> Es wallet empor ein himmlischer Duft
> O ich glücklicher seliger Zecher!
> Auf dein Wohl du Mädchen im braunen Haar
> Und dem schelmisch blitzenden Augenpaar!
> Auf dein Wohl, auf dein Wohl! — — —

Ja — es waren Augenblicke, deren späte Erinnerung noch die Macht hat, trübe Stunden und Tage rosenrot zu färben. — Dann neigten wir uns zurück, der Becher entfiel der Rechten — „vinum bonum" — so summte eine ferne Turmuhr-Glocke die uralte Rheingauweise —; Bartolo an uns geschmiegt, knurrte leise gegen vom Ufer tönendes Geräusch, und dann träumten wir hinüber in das Land der Phantasie, gerade so sanft wie unter den Seidenplümeaus der Villa Sicambria.

Zweites Kapitel.

Hoch am Himmel stand die Sonne, als wir erwachten. Es war — weiß Gott — schon 6 Uhr und wir hatten den Niederwald im Morgenrot bewundern wollen!

Doch desto schneller erwärmen uns jetzt Phoebus Strahlen, als wir dem Frühbade entstiegen, mit Dankesgefühl für seine freundliche Nachsicht, auf Rüdesheim zusteuern. Während mein Genosse die Boote hütet, kaufe ich ein kräftiges Frühstück ein, nicht in dem großen Gasthof am Rhein — der scheint gar nicht geneigt, einen Gast mit so wenig Bagage zu empfangen — nein, ins Nebengäßchen zur kleinen durch einen Laubkranz kenntlichen Wirtschaft richte ich meine Schritte. Dort bekommt man Alles, was das Herz begehrt zu wohlfeilem Preise.

Des Wirtes freundliches Töchterlein kredenzt mir im Keller von den Fässern selbst das Glas. — Ich fühle mich keineswegs bewogen, die Probe zu beeilen — — — scheltend empfängt mich der Gefährte, daß ich so lange ausgeblieben, doch bald überzeugt er sich, daß ein solcher Trunk nur durch sorgfältiges Probiren aufgefunden werden konnte. Quer über die nebeneinander treibenden Boote wird jetzt ein Brett gelegt, darauf der Frühstückstisch errichtet. Die Krüge, an Haken befestigt, pendeln lustig im Wasser hinterher, daraus gießen wir in die Becher den Rüdesheimer Morgenkaffee und schwimmen bei geistiger und körperlicher Labsal auf dem hier immer ungeduldiger dahineilenden Strome durch das hehre Rheintor hindurch.

Bei Bingen wurde kurz links gedreht. Auf der träge heranfließenden Nahe dachten wir leicht bis Kreuznach stromauf zu fahren. Flott ging es unter der alten Römerbrücke hindurch bei Münster vor-

I. Erste Fahrt von Biebrich nach Düsseldorf.

Weinprobe.

bei. Doch schon bei Laubenheim verwehrte der Fluß die Weiterfahrt; hier fließt das Wasser mit kataraktenähnlicher Hast über ganz flaches Steingeröll.

Schnell entschlossen wurden die Boote herausgehoben, auf dem Lande an der Barriere vorbei getragen und sobald wieder etwas mehr Tiefe vorhanden, „getreidelt", d. h. an langem Strick von dem einen gezogen, von dem andern mit dem Ruder vom Ufer abgehalten.

Es war das eine recht mühsame Arbeit, besonders für den, welcher das Abstoßen zu besorgen hatte. Lächelnd beobachtete uns ein eingeborener Fischer von seinem Kahne aus: „so dürft Ihr das aber nit mache", belehrte er, „die Lein' muß weiter hinte" — verdutzt sahen wir uns an, hätten wir nicht selbst auf diesen Gedanken verfallen können?

Die zum Lande ziehende Kraft, in der Mitte des Bootes angesetzt, bewirkt im Verein mit der Strömung den parallelen Lauf desselben zum Ufer. Seit Jahrtausenden ist am Rhein so getreidelt worden, lange ehe der Satz vom Parallelogramm der Kräfte auf den Schulen gelehrt wurde.

Weiter erfuhren wir von dem Fischer, daß bis Kreuznach noch viele derartige Stellen zu überwinden seien, auch verstärkte aus Laubenheim bezogener erdig schmeckender Nahewein die Sehnsucht nach Rüdesheim-Asmannshausen. Darum kehrt! und wieder hinaus in den freien weiten Rhein.

Dieselben, selbst für unsere flachen Fahrzeuge ungünstigen Wasserverhältnisse fanden wir übrigens in allen kleineren Nebenflüssen, die wir recognoscirten. Außer in Mosel, Ruhr und Lippe verbietet sich das Rudern dort aus denselben Gründen wie in der Nahe.

Treideln.

Der Rheindurchbruch, welcher bei Bingen-Rüdesheim beginnt, belebte in mir die Erinnerung an die Strecke der Donau von Basiasch nach Orschowa, die ich vor zwei Jahren befahren hatte. Konnte ich selbst in jenem Moment unter dem Eindruck der blendenden Gegenwart nicht umhin, letzterer den Vorzug zuzusprechen, so fühle ich mich hier um so mehr veranlaßt, den Besuch derselben auf das dringlichste zu empfehlen und zugleich den Flußreisen im Allgemeinen das Wort zu reden. Besonders im minder kultivirten Lande drängt sich Ansiedelung und Verkehr naturgemäß zur Hauptlebensader, zum Flusse, der Beobachtungen und Erlebnisse gibt es daher nirgendwo so viele wie auf einer Flußfahrt. Ungleich gewaltiger noch wie der der Strecke Bingen-Coblenz ist der Eindruck jener Donaufahrt. Allmählich, vermittelnd nähern sich beim Verlassen der Pfälzisch-Hessischen Niederung dem Rheine die Rebenhügel — schroff wie eine mazedonische Phalanx, weithin sichtbar, stellt sich die Felswand der transsylvanischen Alpen dem Donaustrome entgegen. In gerader Richtung der sanften Windungen fließen die jetzt auch am Binger Loch geglätteten Rheinfluten wütend brausen und zischen, bald brodelnde Riesenkessel bildend, bald auf 100 Meter Breite zusammengepreßt die Wasser der Donau gegen die zackigen Klippen des wilden Kasanpasses. Reben bekleiden die weichen Bergformen der Rheinufer — schwarze Waldmassen mit 1000jährigen Stämmen befloren die Felswände, die bis zu 4000 Fuß Höhe oft senkrecht scheinbar aus der Donau emporragen, riesige Steinadler schweben über den Gipfeln. Eisenbahnen, zahlreiche Ortschaften beleben den cultivirtesten Strom Deutschlands, Epheu der Sage, Lorbeer der Geschichte wetteifern sein Ufer zu schmücken — im Kasanpaß ist nichts von menschlicher Ansiedelung zu erblicken, nur hin und wieder sind Grotten in den Fels gehauen, Feuer beleuchten das Dunkel, an ihnen hocken serbische Fischer in roten Wämmsern mit spitzen Mützen; sie verweilen dort den ganzen Sommer und fangen den Stör der Donau, den bis zu 6 Centner starken Hausenfisch. Am linken Ufer zieht sich die neue Kunststraße, von dem großen ungarischen Patrioten Szechenyi angelegt, dessen Namen sie trägt, am rechten Ufer erblickt man eingebohrte Löcher, darinnen hin und wieder noch alte Balken zur Herstellung von überhängenden Wegestrecken. Diese, sowie 6—8 Fuß breite Galerieen deuten auf die Riesenarbeit, welche vor fast 2 Jahrtausenden Trajans IV. und V. Legion vollführten, um die Verbindung mit dem aufrührerischen Dazierlande herzustellen. Die Flußfahrt durch das „eiserne Tor" muß damals nur bei ganz hohem Wasserstande möglich gewesen sein. Noch heute nach großartigen Sprengungen erlauben die tückischen Klippen und Barrieren unter Wasser die Passage nur auf ganz kleinen gewandten Dampfern. Mit meinem braven Ibis, oh da ist es ein Leichtes, hindurchzufahren — aber wo habe ich denn meine Gedanken — das ist ja gar nicht das demir kapu (türk. eisernes Tor), wir fahren ja durch das Binger

Loch. Aufgepaßt! sonst strande ich dort am Felsufer des Mäuseturmes. Wohl mancher hat sich vielleicht in der Jugend, so wie ich, unter dem Bingerloch etwas ähnliches gedacht wie die Grotte von Capri, und ist bei der ersten Rheinfahrt höchst enttäuscht gewesen, überhaupt kein Loch zu sehen.

Und das Binger Loch hat auf mich keinen Eindruck gemacht,

„Da hab ich mir ein viel größres Loch gedacht —"

so singt in dem Berliner Couplet ein Rheinreisender vom Mühlendamm. Nun — dieses Mal haben wir die Befriedigung gehabt, die den wenigsten zu Teil wird — in das Binger Loch hineinzugelangen.

Gerade in der Höhe des Mäuseturmes, dort wo der Strom durch die Insel auseinandergepreßt mit Ungestüm auf beiden Seiten dahinschießt, lag ein Taucherchlinder verankert. Durch denselben wird nach Theorie des umgekehrten in eine Schüssel mit Wasser gedrückten Glases auf der Sohle des Flußbettes ein wasserfreier cilyndrischer Raum von ungefähr 10 Fuß Durchmesser gebildet. Die nach dem Herunterlassen des Cylinders noch vorhandene Wassermasse wird mit einer Dampfluftpumpe herausgedrückt, dann werden Bohrlöcher für Sprengminen in den felsigen Grund gelegt.

Zwei Versuche, an dem Tauchapparat anzulegen, mißlingen. Unmittelbar vor dem Pram, auf welchem der Cylinder steht, wirft uns die gewaltige Strömung weit seitwärts und führt uns im Augenblick mehrere hundert Schritte mit fort. Wir müssen dann zweimal dicht am Ufer, wo der Strom schwächer ist, zurückrudern; erst das dritte Mal gelingt es einem nach dem andern, ein von den Arbeitern zugeworfenes Seil zu erfassen, es gibt einen furchtbaren Ruck — doch wir können uns jetzt heranziehen. Wir gelangen in den Cylinder durch einen kaum drei Mann fassenden Vorraum, dessen Außentür erst luftdicht verschlossen wird, ehe der innere gleichfalls hermetisch abgeschlossene Zugang geöffnet werden darf. Auch dies geschieht erst, nachdem durch einen talergroßen Ventilschieber eine gleiche Luftdichtigkeit des Vorraums mit dem inneren hergestellt ist. Pfeifend strömt die verdichtete Luft herein, man verspürt sofort einen schmerzhaften Druck auf das Trommelfell, der zuerst immer mehr zunimmt, an den sich jedoch die Arbeiter vollkommen gewöhnen.

Die Arbeiten in dem Cylinder boten nichts besonders Interessantes und wir beeilten uns deshalb, aus dem „Binger-Loch" — dasselbe bedeutet also die durch Sprengungen jetzt sehr erweiterte, früher ge=

I. Erste Fahrt von Biebrich nach Düsseldorf.

fährlich enge Durchfahrt durch die hier vorhandene Strombarriere — heraus, vom Grunde des Rheins auf seine Berge zu gelangen.

> Dort möcht' ich sein, dort möcht' ich sein,
> Bei dir, du Vater Rhein,
> Auf deinen Bergen möcht' ich sein!

Um 3 Uhr Nachmittags wurde in Asmannshausen angelegt, die Boote verschlossen und einem Schiffer übergeben. Dies darf man nie verabsäumen, wenn man sich auf längere Zeit entfernt, es sei denn

Rheingau.

man kann sein Boot an einsamem Ufer im hohen Grase oder Gebüsch verstecken. Sonst ist dasselbe durch die Wellen vorüberfahrender Dampfschiffe sowohl, als durch unnütze Hände gefährdet.

Dann wurde mit gewohnter Gewissenhaftigkeit dem eingeborenen d. i. dem prachtvollen roten Asmannshäuser in kleiner kühler, strauchkenntlicher Wirtschaft gehuldigt.

> „Und wüßten wir, wo einer traurig läge,
> Wir gäben ihm von diesem Labewein!"

Jetzt aber geht es fast im Trabe zum Niederwald herauf. Wie

jauchzen die Beine, die Arme mal ablösen zu können! freudig bellend springt Bartolo voran, er mit der Abwechselung besonders zufrieden. — Ich unterlasse es, die bekannten Herrlichkeiten der Zauberhöhle, Rossel und des Tempels zu schildern. Uns Glücklichen bestrahlte wiederum die goldigste Abendsonne den prachtvollen Rundblick vom weltgeschicht= lichen Nationaldenkmal.

„Von Bamberg bis zum Grabfeld-Gau
Umrahmen Berg und Hügel
Die weite stromdurchglänzte Au —
Ich wollt' mir wüchsen Flügel"

so sangen wir mutatis mutandis das wunderschöne Scheffel'sche Wanderlied.

Von dem Denkmal heißt es wieder einmal: „Schon steht das Piedestal u. s. f." nach bekannter Melodie, indessen — der Deutsche ist ja an Hoffen und Warten bei nationalen Werken gewöhnt! Auf unserem Titelblatte ragt die Zukunftsgermania des Niederwaldes mit den sym= bolischen Figuren des Krieges und Friedens zur Seite.

Durch grünes Weinlaub schreiten wir herab und besteigen die Boote. Um 9 Uhr legen wir an einer winzigen mit weichem trockenen Grase bedeckten Sandinsel unweit Lorch an. Es ist noch ziemlich hell. Schnell wird das Biwack aufgeschlagen, eine kräftige Erinnerung an Asmannshausen aus den Krügen, und die Anstrengung dieses viel= bewegten Tages hilft uns bald in den erquickendsten Schlummer.

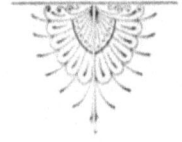

Drittes Kapitel.

Still und lau war die Nacht gewesen, klar und warm ging die Sonne auf am andern Morgen. Nach üblicher Radikal=Toilette im Rhein wurde wieder Asmannshäuser gefrühstückt und dann ging es weiter stromab.

„O könnt' ich mich auf leichter Welle schaukeln"
— „Von den Bergen wie grüßen die Burgen so schön" —
„Zu Bacharach am Rheine" —

mit welchen Gefühlen sangen wir all diese Lieder, die schon in rauchiger Bierstube das Herz erheben, angesichts dessen, was sie verherrlichen! Unterhalb Bacharach hebt sich die Stimmung, besonders meines Freundes, hoch und höher. Nähern wir uns doch der Stelle, wo —

„Hoch bei Caub rauscht's wild im Rheine,
Im Getös des Wogenprall's,
Aus dem zackigen Gesteine
Ragt die alte Kaiserpfalz" —

die symbolische Stammburg seines Corps, der Bonner Palatia. Mit Begeisterung wird das „Farbenlied" gesungen, ein Steinkrug aus Caub geleert und derselbe dann an dem Felsen zerschellt, dort, wo der gewaltige Turm das Mauerwerk seiner südlichen Kante, wie den brausenden Wogen und krachenden Eismassen des Stromes, so den Stürmen der Jahrhunderte siegreich entgegenstellt.

Hinter Caub öffnet sich dem Blick das Blüchertal. Friedlich grünend liegt es da, aber im Spiegel stolzer Siegeserinnerung belebt es sich vor uns mit den reisigen Scharen des Marschall Vorwärts, der hier zum Stromübergang und Vorstoß ins Herz von Frankreich heranzog. Grolle nicht mehr, Vater Rhein, sie ist ihnen heimgezahlt den Franzosen die Zerstörung deiner Städte und Burgen!

Kräftiger schlagen die Ruder in's Wasser. Vorbei an den Warttürmen und Ringmauern des alten Oberwesel. Dort rechts hebt sich aus den Strudeln die Lurley. „Wo sitzt die schönste Jungfrau?" — die Luft ist nicht kühl und es dunkelt nicht, der Gipfel des Berges funkelt im Mittagssonnenschein. In Folge des Trankopfers bei Caub mehr vom furor teutonicus als vom „wilden Weh" ergriffen, will uns auch „ich weiß nicht, was soll es bedeuten" in der richtigen Tonweise nicht über die Lippen; wundersam erschallt der Heinesche Klagesang nach der Melodie von „wer will unter die Soldaten." Dies kann die Zauberin nicht vertragen — leer bleibt die Spitze des Felsens — sie erscheint nur dem schwermütig schmachtend deutschen Jüngling einer früheren Schule; — ein schriller Pfiff der Lokomotive, welche eben aus dem Loreleitunnel hervorbraust, verscheucht den letzten Rest romantischer Gedanken.

Jetzt gehts zu Fuß hinauf zur Katzruine, zurück in die Boote, zum Mittagsmahle nach St. Goar. Von da an der Maus vorbei hinein zwischen die mächtigen Wände, die bei Wellmich den Strom zusammen drücken; fünffach wiederhallt das Echo des Privatjodlers, unseres wenig geheimnisvollen Freimaurer-Begrüßungs- und Erkennungszeichens.

Wie ein Gebirgssee erscheint der Strom bei Kestert, zwei scharfe Biegungen täuschen das Auge, von allen Seiten schließen die Felsen uns ein. Mitten auf dem See winkt ein unbesiedeltes Eiland mit üppigem Laube bedeckt, der Strömung abgekehrt eine stille Bucht, schneeiger Sand, spiegelklares Wasser, unbewegt, von smaragdner Farbe. Dort finden wir alles, geschütztes Obdach, sichersten Hafen und herrliches Frühbad.

Wir verlebten denn auch hier das schönste Biwak von allen, die wir auf dem Rheine bezogen. Die Sonne schien so warm, das Wasser floß so still, das Bergesgrün lachte so frisch, daß wir erst spät am Morgen uns entschließen konnten, den lieblichen Ort zu verlassen.

Wieder ganz neue Bilder brachte der fünfte Tag. Ein Fußmarsch führte uns hinauf zu den Schloßruinen von Liebenstein und Sterrenberg, den „feindlichen Brüdern"

> „Gräfin Laura's Augenfunkeln
> Zündete den Brüderstreit,
> Beide glühen liebestrunken
> Für die adlig holde Maid."
>
> „Wehe, wehe, blut'ge Brüder!
> Wehe, wehe, blut'ges Tal!
> Beide Kämpfer stürzen nieder
> Einer in des andern Stahl."
>
> „Aber Nachts im Talesgrunde
> Wandelt's heimlich wunderbar
> Wenn da kommt die zwölfte Stunde
> Kämpfet dort das Brüderpaar" —

so klingt das Schauerlied von Heinrich Heine. Doch je düsterer die Sage, desto heller auch hier die Gegenwart. Die Sonne strahlte voll und warm auf die alten Mauern, die Berghänge und den blanken Fluß. Wir fuhren dann hinüber nach Boppard und sangen in der „Alten Burg" zwischen Joseph Stumm's Weinschätzen „im kühlen Keller sitz ich hier" so selig wie niemals zuvor. „Der Küfer zog den Heber voll, gehorsam unserem Winke" — immer wieder wurde geprobt, endlich — hier von dem! Ein Fäßlein wurde gefüllt, enthaltend ein Tränklein, ein mildes, und in den puppis des Salm behutsam versenkt, um erst in Düsseldorf ans Licht der Sonnen gehoben zu werden.

Das Abendrot durchglühte die Rheinflut und übergoß mit goldigem Glanz der Poesie sogar die steifen gradlinigen Wände der Ehrenbreitsteiner Kaserne, welche sonst nach den zackigen Formen der Burgruinen einen romantischen Reiz auf den Beschauer gerade nicht ausüben — da landeten wir in Confluentia, jenem hochwichtigen Vereinigungspunkte der Mosel mit dem Rheine, wo vor fast zwei Jahrtausenden General Drusus die römischen Castelle anlegte, denen das heutige Coblenz seinen Ursprung verdankt.

Hatten wir uns aus ähnlichen Gründen wie bei der Nahe versagen müssen, der Lahn einen Besuch abzustatten, so versprachen die üppigen Formen der Moseljungfrau, die sich hier — unbekümmert um seine vielen früheren Verhältnisse — dem Flußjupiter liebend in die

Arme wirft, eine gute Fahrt in ihrem Schooße. Wir befragten den Geldbeutel — er gab eine bejahende Antwort, machten einen Zeitüberschlag — und es ergaben sich drei Tage, die wir der Mosel widmen konnten.

Nach Rücksprache mit den entgegenkommenden Bahnhofsbeamten gelang es, unsere Schneckenhäuser zugleich mit uns selbst in den Trierer Personenzug zu verladen. Spät am Abend langten wir auf Station Bullay an, dem vorletzten Punkte, an welchem die Bahn vor Trier noch den Fluß berührt. Da der Bahnhof dicht an der Mosel lag, setzten wir die Boote gleich ins Wasser, fuhren nach Alf herüber und kehrten im Gasthof zur Post ein.

Viertes Kapitel.

Die Bettpreise waren gründlich abgeschlafen worden. Gestärkt durch die Ruhe auf langentbehrtem Federlager stiegen wir am folgenden Morgen in flottem Tempo zur Marienburg hinauf. Sie liegt über Alf, dort, wo der Fluß durch birnenförmige Krümmung seines Laufes die Uferberge zu scharfem Grate zusammen

Marienburg.

preßt. Der Reisende, welcher stromauf fahrend, das Dampfschiff in Pünderich verläßt, geht in 40 Minuten über die Höhe bis Alf, während das Boot anderhalb Stunden bis dorthin braucht. Herrlich ist der

Hoch bei Caub.

Blick von oben; vierfach in verschiedenen Richtungen sich windend wird der Fluß sichtbar, er scheint in vier getrennte Wasser geteilt. Diese Serpentine ist die gekrümmteste, welche ich bei größeren Flüssen je beobachtet. Herabgestiegen begannen wir die Moselfahrt zu Tal.

Noch ist das rechte Ufer belebt, Bahnzüge rollen hin und wieder, das Dampfroß schnaubt und pfeift, daß es laut gegen die engen Felswände erdröhnt. Bei der nächsten Biegung jedoch, nachdem die Eisenstraße die Brücke von Eller überschritten, wird sie überdrüssig des launisch sich drehenden Flusses, verläßt sein Tal und bohrt sich stracks in die Bergmassen hinein. Der vier Kilometer lange Kaiser-Wilhelm-Tunnel führt auf viermal kürzerer Strecke von Eller nach Kochem als der Wasserweg. Und wahrlich nicht zum Schaden des Letzteren. Denn jetzt erst enthüllt sich vor uns der volle Reiz der lieblichen Mosella. Die wohltuenste Ruhe umfängt uns; friedlich dahingestreckt erscheint hier zur Linken das Dörflein, schneeweis lugen unter dem saftigen Grün der Nußbäume die Häuser hervor, schmeichelnd bespülen die Fluten am rechten Ufer die Rebenhänge. In senkrechtem Felsabsturz fallen etwas weiterhin die Felsen ins Wasser, die Landstraße muß ihren Weg jenseits der Höhe suchen — hier herrscht lautlose Stille.

Neue Bilder bringt jegliche Biegung. Nicht immer so ruhig wie heute lag das Tal, davon zeugen die Burgtrümmer, die von mancher Höhe herabschauen.

Bei der alte Veste Beilstein ragt unmittelbar aus dem Wasser ein grauer Wartturm; in ihm und dem anschließenden Mauerwerk ist eine Wirtschaft errichtet, die ihr buntes Schild dem Vorüberfahrenden gastlich entgegen streckt. Heiß brennt die Sonne — auf der kurzen Strecke kann das edle Moselgewächs nicht oft genug versucht werden. Abschreckend scheinen auch nicht die Rehaugen, der frische Mund, die volle schlanke Gestalt der Moselnixe, des Wirtstöchterleins, die uns am Tore begrüßt, herzlich lachend über unsern Reiseaufzug. Auf vielgewunden dunkler Stiege führt sie uns hinab zum geräumigen Felsenkeller — wie ist der Ort so traut, so kühl! — Vielverheißend liegen die mächtigen Fässer neben einander. Gewissenhaft werden die verschiedenen Lagen studiert, mit beredtem Munde preist unsere hübsche Lehrmeisterin den Wert der einzelnen, kredenzt die Proben und füllt schließlich die Krüge mit edlem Trank. Liegen auch die weltberühmten Orte Zeltingen, Brauneberg, Bernkastel weiter stromauf, so trinkt man doch auch an der unteren Mosel allgemein gute Marken.

Am Nachmittag lag Kochem vor uns. Mit der Stille und Einsamkeit hat es ein Ende, hier herrscht lustiges Treiben, es ist Kirmes im Ort. Von der Burg herab übersehen wir das heitere Bild des geschmückten Städtchens, der Fluß wimmelt von buntbeflaggten Nachen.

Man kann nicht sagen, daß der jetzige Besitzer der füheren Kochemer Burgruine dieselbe durch den Ausbau sehr verschönt hat. Abgesehen auch von einzelnen ganz groben Geschmacksverirrungen liegt auf dem Ganzen ein Glanz moderner Industrie, der im Verein mit der oben etablirten Restauration (!) jedes andere Gefühl eher erweckt, als das der Romantik.

Wir hatten uns in einem kleinen aber sehr reinlichen Gasthof mit verschiedenen Eingeborenen angefreundet und die leichte humoristische Sinnesart bestätigt gefunden, welche den Kochemensern nachgerühmt wird; es werden an der Mosel sogar viele der bekannten Schildburger Histörchen ihnen nacherzählt. Außerdem hatten wir auf der bisherigen Moselfahrt keine Inseln angetroffen, die Ufer auch meist felsig und zum Landen ungeeignet gefunden. Wir beschlossen daher, nicht zu biwakiren, sondern in Kochem im „Kaiser" zu übernachten.

Der Mensch denkt, Gott lenkt — es waltete die allerheiterste Stimmung, der Aufzug zweier Schützenvereine hatte eben begonnen — da plötzlich entlud sich der Zorn des Himmels über den arglosen Ort, ein brausender Orkan führte einen Hagelschlag herbei, wie ihn die bekannten „ältesten Leute" nicht mehr gesehen, und der den Weinbergen erheblichen Schaden verursachen mußte.

Kaum aber hatte sich das Unwetter verzogen, man trat wieder aus den Türen, da fiel es wie eine Bombe unter die festlich geschmückten Menschen — der Ruf — Feuer! — Durch Unvorsichtigkeit war es entstanden in einem der Hinterhäuser, nicht weit von unserem Gasthof. Seit fünfzehn Jahren war kein Brand gewesen in Kochem — man kann sich denken, in welcher Verfassung die Löschanstalten waren. Bei der allgemeinen Beteiligung am Rettungswerke blieben wir natürlich auch nicht müßig, halfen bei der Herrichtung lebender Eimerketten und drückten kräftig mit an den Spritzen. War es doch keine ungewohnte Arbeit für die Ruderarme, unser Kleid eignete sich auch gut für das wässerige Handwerk, jedenfalls besser wie der Kirmesstaat der schönen kräftigen Kochemerinnen, welche energisch und opferwillig mit in Reih' und Glied standen. „Die Engländer helfen auch brav" — so lautete es beifällig über uns von den Lippen der Umstehenden.

Viertes Kapitel.

Spritzenarbeit.

Es ist merkwürdig, wie trotz der vielen deutschen Rudervereine an Rhein und Mosel die Eingeborenen mit einem Ruderer in „Farben" allgemein den Begriff eines Engländers und meist auch wohl den des spleens verbinden. Wie oft haben wir uns geärgert, wenn uns die Kinder am Ufer mit dem zum Ueberdruß gewordenen Geschrei „Engel— länder! Engel—länder!" begrüßten und verfolgten. Nicht selten löffelten wir uns dann mit einem deutschen Schmeichelnamen, dessen echter

Accent jeglichen Zweifel über unsere Stammesangehörigkeit hinweg nehmen mußte.

Der Herd der Feuersbrunst lag im Westend von Kochem und es gelang mit Hülfe günstigen Ostwindes, den Brand vor Einbruch voller Dunkelheit auf diesen Teil zu beschränken. Doch fand die Flamme an den ungefähr zwanzig Häusern, welche herunterbrannten, Nahrung genug für den größten Teil der Nacht.

Unsere Herberge blieb zwar stehen, sie war aber wegen des nahen Brandes von sämtlichem Hausgerät geleert worden. Wir übernachteten bei den Booten auf der Schwimmanstalt am jenseitigen Ufer. Es war ein schaurig schönes Bild dort hoch vom Springturme aus; links über die Berge gebreitet lag des Mondes Silberschein und sein sanftes Licht stritt seltsamlich mit der wilden Flamme, welche vor uns den Fluß, die Burg und weit hinaus den Himmelsraum blutigrot färbte.

Fünftes Kapitel.

Die Nachtruhe war vielfach unterbrochen gewesen, wenn immer von Neuem die Sturmglocken die übermüdeten Bürger zur Wachsamkeit mahnten. In etwas gedrückter Stimmung wandten wir den Rücken dem armen Kochem, dem wir eine so schwere Heimsuchung mitgebracht hatten. Indeß — wie leicht vergißt der Mensch fremdes Leid, welches ihn nicht unmittelbar berührt! Der schönste Sonnenschein war dem gestrigen Unwetter gefolgt, die Luft war würzig und frisch, ein leichter Südost kräuselte die Wasserfläche — nicht gar lange ließen wir die Köpfe hängen.

Die Mosel wird unterhalb Kochem breiter, ihr Lauf stetiger, recht bedeutende Höhen begleiten sie zu beiden Seiten, häufig unterbrochen durch die Täler der Gebirgsbäche, welche ihr reichliches klares Wasser herbeiführen. Rechts erscheint Treis mit malerischem Blick in das Tal des Flammbaches, bekannt durch ergiebigen Forellenfang; landeinwärts werden zwei Bergruinen sichtbar. Diese Seitentäler bergen fast alle herrliche stille Landschaften, an denen der Reisende im Tal des Hauptstromes oft ahnungslos vorüberfährt. Auch uns gestattete die Zeit nur eines derselben zu durchforschen. Sein Besuch allerdings muß zu den Glanzpunkten unserer ganzen Fahrt gerechnet werden.

Bei Moselkern mündet die wilde Eltz, an ihr liegt anderthalb Stund aufwärts die Burg Eltz. Viel Rühmens war uns über sie gemacht worden. Darum legten wir hier an, stärkten uns durch ein gutes Frühstück und begannen die Wanderung. Der Bach war durch den Gewitterregen stark angeschwollen. Wir folgten zunächst dem Fußpfad, der sich an ihm hinwindet, und sahen uns schon nach der zweiten Biegung ganz vom Tale eingeschlossen.

I. Erste Fahrt von Biebrich nach Düsseldorf.

Kein Laut von der Außenwelt drang in diese Einsamkeit, nur belebt von dem Sang einer späten Nachtigall und dem Rauschen des Baches —

— was sag' ich denn vom Rauschen —
Das kann kein Rauschen sein
Es singen wohl die Nixen
Tief unten ihren Reihn —

es lag eine wunderbare Feierlichkeit in der Stille dieses Tales, ein eigener Reiz, wie wir ihn bisher noch nicht genossen hatten.

Jetzt biegt unser Pfad links seitwärts ab in die dichten Eichen und Buchen hinein, welche die Moselberge meilenweit bedecken; eine Wagenspur dagegen folgt den Windungen des Baches weiter hinauf, wir schlagen ihre Richtung ein als die sicherste in unbekannter Gegend. Bei einer neuen Biegung führt sie plötzlich mitten durch die Elz hindurch; noch gelangen wir auf großen Steinen schreitend trocken hinüber, doch die Furten wiederholen sich, werden tiefer, wir waten zweimal barbeinig hindurch und marschieren dann, müde des Schuhausziehens, fußbekleidet durch den Bach. Bartolo — der endlich wieder einmal genannt werden muß, — hat große Not, sich durch die Katarakte hindurchzuarbeiten, und wird oft ganze Strecken von der schäumenden Elz fortgetragen, was ihn als „Amphibius" natürlich wenig geniert. In dieser unterhaltenden Art geht die Wanderung wohl eine Stunde fort, unverdrossen dringen wir vorwärts, die Elzburg muß doch an der Elz liegen und wir befinden uns ja stets dicht an oder sogar in derselben. Die Mühe wird dann auch belohnt. Jetzt gelangen wir an eine schmale Laufbrücke — doch wieder ein Werk von Menschenhänden — das enge Tal erweitert sich, wir treten aus dem dichten Wald heraus — da ragt sie ganz plötzlich vor uns, die stattliche Burg, ein Wunderbau auf steile Felsen gezaubert.

Auf den ersten Blick macht sich das historische Verständnis und der feine Kunstsinn des Besitzers bemerklich, der die Stätte, wo seine Ahnen schon zu den Zeiten Heinrich des Voglers saßen, so zu erhalten wußte. Da ist alles ächt, alt und doch unverfallen an dieser Burg, wie ein rüstiger Greis auf sein Jahrhundert, so schaut sie herab auf ein fast vollendetes Jahrtausend. Sie erlebte Deutschlands Blüte unter den salischen Herrschern — mit dem Kreuze auf der Brust sah sie ihre Söhne hinausziehen ins ferne sagenhafte Morgenland — sie sah das

Vaterland zerrissen durch den Streit der weltlichen und geistlichen Herrscher — in Fehde mit den Eltzer Grafen ließ Erzbischof Balduin von Trier eine „Trutzeltz" erbauen, deren Trümmer dort rechts vom Nachbarberge noch feindlich hinüber schauen — sie sah die heimatlichen Gaue zertreten von den Hufen welscher und schwedischer Rosse im langen allzerstörenden Kriege — einsam gelegen, vornehm zurückgezogen im stillen Tale überdauerte sie die Raubkriege, entging den

Die Eltzburg.

französischen Mordbrennern und steht noch heute vor uns als ein Denkmal feudaler Zähigkeit und germanischer Kraft.

Wir steigen hinan. Es führt keine Kunststraße nach Schloß Eltz, wie wir an unserer unteren Bekleidung noch spüren, es führt auch kein glatter Kiesweg in sanften Windungen zu ihr hinauf, die Stufen der steilen Treppe sind in den Fels gehauen, aus dem die gewaltigen Mauern herauswachsen. Hier ist auch keine Restauration, wie auf der Burg in Kochem, statt des befrackten Kellners mit der Serviette am Arm begegnet uns vor dem Tor ein finster blickender Verwalter; seine menschenfeindliche Miene paßt zu den drohenden Zinnen und Türmen, er vermeidet es stilvoll, unseren Gruß zu beantworten, sein zottiger deutscher Jagdhund stürzt sich mit Geheul auf Bartolo, mühsam erretten wir den treuen Gefährten.

Doch die beiden Cerberusse verschwinden, ohne sich weiter um uns zu bekümmern. Das wuchtige eisenbeschlagene Eichentor ist offen. Wir treten in den Burghof und sind in vergangene Jahrhunderte zurückversetzt. Waren außen die Fenster statt mit Glas meist mit Brettern verschlossen, so sind sie hier innerhalb ausgefüllt von runden bleieingefaßten Scheiben, auch einzelnen größeren gemalten Wappen und Emblemen. Ueber den steinernen Pforten, welche in die vier verschiedenen Flügel des Schlosses führen, stehen die Namen der verschiedenen Familien, welche einst gemeinsam die Stammburg des Geschlechts bewohnten. Mitten im Hof trägt über ein Geländer gelehnt eine lange Stange eine eiserne Schaale an ihrem Ende, sie ist zur Aufnahme von Leuchtbrennstoff bestimmt, die eiserne Spitze wohl auch zum Aufstecken einer Fackel. Im Kochemer Schloß hängen zierlich gearbeitete Laternen von der Firma R . . . & Cie.

An einem der Portale begehren wir Einlaß, wir klopfen mit dem schwereisernen Ringe, der sich statt Schelle daran befindet. Nun tritt wohl, lieblichen Gruß lächelnd, des finsteren Alten engelschönes Kind heraus, bietet uns die weiße Hand zum Willkomm und heißt die Wandrer am Herdfeuer in der Halle niedersitzen, sich wärmen, sich laben an Speis und Trank — — — — doch ach nein, ade Romantik! — — — —

Es erscheint ein weibliches Wesen von größerer Abrundung der Körper- wie der Umgangsformen, welches in kürzester Form erklärt, das Innere werde nur auf besonderen Erlaubnisbrief des bei Eltville im Rheingau wohnenden Besitzers gezeigt; die Tür wird schleunigst wieder geschlossen. Meisterlich hat der Besitzer es verstanden, dem Schwarm der Touristen den Besuch seines Allerheiligsten zu erschweren, das er selbst im Jahre nur auf kurze Zeit betritt.

Dies hatten wir nicht vorgesehen; doch war schon der Hofraum, das Aeußere der Burg so interessant, der Blick von der Schloßterasse in das wilde Tal so schön, daß wir im höchsten Grade befriedigt von unserem Ausfluge nach Moselkern zurückkehrten, diesmal wohlweislich den über die Berge führenden Fußpfad wählend.

Unser Ziel war Moselweiß, wohin wir zum Abend mit Ernst's Bruder aus Coblenz ein Stelldichein verabredet hatten. Es ist schon vier Uhr Nachmittags, die dreißig Kilometer bis dorthin wollen noch gerudert sein. Jedoch darin beruht der große Vorzug einer Wasserreise, daß die abwechselnde Tätigkeit des Gehens und Ruderns die einseitige Uebermüdung bestimmter Muskeln vermeiden läßt. Durchnäßt langen wir bei den Booten an, die Fußbekleidung ist schnell gewechselt, und nun streckt man sich lang, bequem wie auf dem Sofa, in das Fahrzeug, zieht das Ruder mechanisch durchs Wasser, die Boote werden dann zusammengelegt, dem Weinkrug und Mundvorräten zugesprochen, der Strom führt auch während solcher Ruhepausen vorwärts.

Gegen die Mündung wird der Strom der Mosel immer geschwinder, die Ufer lebhafter, mehr und mehr nimmt der Fluß den Charakter des Rheines an. An unseren Blicken ziehen vorüber der uralte Turm von Bischofsstein, der Hatzenport — Hattonis portus —, die gewaltigen Trümmer der Burg Turant, das schloßreiche Gondorf, Kobern mit dem Glockenturm, der aus dem Jahre 348 stammen soll, dann die Niederburg und Altenburg, das weithin sichtbare byzantini-

Vesper auf dem Wasser.

sche Sechseck der Matthias-Kapelle, dazwischen meilen- und meilenweit bis auf die höchsten Bergspitzen hinauf sich breitend die Rebengelände — man kann sich nicht satt sehen an der buntwechselnden Schönheit des Flusses.

Bei Winningen trafen wir eine Anzahl Fischerboote auf dem Wasser, die Fischer waren bei ihrem Handwerk. Wir sahen einen Zug mit an und kauften dann einige Pfund Makrelen und Barben ein. Die Fischerei hebt sich auf der Mosel im Verhältnis wie die

Schiffahrt aufhört. Das umgekehrte findet beim Rheine statt, die Fischpreise sind hier die doppelten wie dort (1 Pfund Barben kostet auf der Mosel 40, auf dem Rheine 80 Pfg.) Die Zeiten sind lange vorüber, wo das Gesinde bei der Verdingung mit der Herrschaft auszumachen pflegte, daß sie nicht öfter als dreimal wöchentlich Salm zu essen bekämen. Der Wasserverkehr auf der Mosel ist heute ein so geringer wie nicht leicht auf einem anderen Flusse solcher Größe. Die Bahnlinie von Trier nach Coblenz kürzt die Verbindung dieser Punkte bis auf die Hälfte des Wasserweges ab (15 und 29 Meilen), die Frachtschiffahrt hat damit aufgehört, nur auf wenige kurze Strecken werden noch Lasten getreidelt; die Dampfschiffe, welche fast nur Personen befördern, gehen während einiger Sommermonate zweimal wöchentlich zwischen Trier und Coblenz, Lokaldampfer außerdem noch zwischen Coblenz-Kochem einer- und Trier-Alf andererseits.

Gegen sieben Uhr erblicken wir die Bahnbrücke von Moselweiß. Rechts hoch oben auf dem Berge steht eine schlanke Gestalt, welche den Hut schwenkt und uns mit dem bekannten Jodelruf „Ha—la—la—la—la—i—o—" willkommen heißt, der ebenso charakteristisch wie mit Buchstaben schwer wiederzugeben ist. Es ist der Laut der Freude und Freiheit, wie ihn eine kräftige Brust in die weite Natur hinausjauchzt. Nach wenigen Minuten schütteln wir uns in Moselweiß die Hände mit Ernst's Bruder; er hat schon in dem freundlichen Gasthof dicht an der Brücke für uns Quartier gemacht. Die Wirtin ist bei dem unerwarteten Besuch über die mitgebrachten Fische sehr erfreut. Unserem Gaste zu Ehren wird ein ausnahmsweise üppiges Nachtmahl veranstaltet, dessen Hauptteile aus Moselprodukten bestehen; die Barben finden besondere Anerkennung. Die gemeinschaftliche Kasse bewilligt dazu eine feine „Marke", und bis spät in die Nacht hinein schwelgen wir, ehe wir sie verlassen, in Erinnerungen an die Mosella uvifera.

Sechstes Kapitel.

Nachdem wir Tags darauf die Stromschnelle der Mosel dicht oberhalb Coblenz durchfahren und Ernst's Bruder, der noch in der Nacht zurückgekehrt uns vom Mündungsquai aus begrüßt, Lebewohl zugewinkt haben, gleiten wir wieder in den Rhein hinein . . . . Wie erscheint doch der Strom so gewaltig im Verhältnis zur Mosel, wie belebt der Verkehr, das Treiben auf ihm und um ihn! Nun weiter herab auf der uralten Völker- und Heeresstraße! Bis zum Ende des langgestreckten Niederwerth begleiten noch rechts die Berge den Strom, dann treten sie auch hier zurück und zu beiden Seiten öffnet sich unseren Blicken eine weite blühende Landschaft — das „Brautbett des Rheines und der Mosella".

Es ist Pfingstmorgen, festlich geputzt erscheinen die Menschen, die Wohnungen, im Festgewande prangt auch die Natur, Felder, Wiesen und Wald stehen in frischem, frühlingsgrünem Kleide. Die Glocken von den Kirchtürmen läuten Töne der Ruhe, der Zufriedenheit, des Dankes, die heute in aller Herzen wiederklingen. Rechts liegt das regelmäßig gebaute klösterliche Neuwied; der herrenhutische Sinn scheint dem ganzen Orte aufgeprägt. Bei Andernach geht es wieder hinein in die Berge; die Kirche ist gerade aus, vorbei ist die Pfingstandacht, die Pfingstfreude beginnt —

> „sieh nur, sieh, wie behend sich die Menge
> „Durch die Gärten und Felder zerschlägt,
> „Wie der Fluß in Breit und Länge
> „So manchen lustigen Nachen bewegt;

„Und bis zum Sinken überladen
„Entfernt sich dieser letzte Kahn,
„Selbst von des Berges fernen Pfaden
„Blicken uns farbige Kleider an . . .
„. . . . . Zufrieden jauchzet Groß und Klein —

ja vollen Herzens fühlten wir mit dem Doktor Faust an diesem Feiertagsmorgen.

Nach viermeiliger Wasserfahrt legten wir gegenüber von Hammerstein an einem Eisenbahnhäuschen an, gaben die Boote in die Hut des Wärters und stiegen bergan zum — Laacher See, jenem schönsten der Eifelmaare. Maare sind hoch in einstigen Kratern gebildete Wasserspiegel mit unterirdischen Nährquellen. „Meeresaugen" heißen sie in der „hohen Tatra". Die Eingeborenen glauben dort noch heute, sie ständen mit dem Meere in unterirdischer Verbindung und gerieten zugleich mit dem Meere bei Stürmen in Bewegung.

Getreu dem Grundsatze, wenn möglich einen Weg nicht zweimal zu machen, vermieden wir auf dem Hinwege das Brohltal und erklommen zunächst den Fornicher Kopf, den letzten Ausläufer der vulkanischen Eifel, welche hier bis an den Rhein vorstößt. Eine herrliche Aussicht auf das Andernacher Rheintor, die Burgen von Hammerstein und Rheineck belohnten die Anstrengung, welche uns die Wahl dieses wenig bekannten und wenig gebahnten Weges verursacht hatte. Dann wandern wir weiter, über Wassenach; der Weg wird staubig, fußhoch bedeckt mit vulkanischer Asche. Plötzlich aber schimmert es tiefblau durch das lichte Waldesgrün —

„. . . . . . . wir sind am Laacher See! —
„Ob rings die Höhen auch grüne Wälder krönen,
„Hier wohnt ein tiefes unnennbares Weh,
„Klaglieder hörst du durch die Buchen tönen —

ja das ist doch sehr Geschmackssache, liegt es daran, daß die Strahlen der Pfingstsonne über der Landschaft lachen, oder werden wir eben aus den Gründen wie von dem „wilden Weh" für die Lorelei, auch von dem hiesigen nicht ergriffen — es bleibt uns zum Trotz den schönen Dichterworten so unnennbar wie unfühlbar. Wir strecken uns in das weiche Gras, ruhen eine Weile, stürzen uns dann alle Drei mit frevlem

Uebermut in die kalte, lufthelle Flut und übertönen die Klagelieder der Buchen mit deutschem Siegesgebrüll.

Nach dem Bade umgehen wir noch einen Teil des Sees, genießen den Blick auf die vielgetürmte Benediktiner=Abtei Laach und steigen dann durch das hübsche Brohltal wieder zu den Booten herab. Der Rückweg geht schneller von statten, liegt doch der See an 700 Fuß höher wie der Rheinspiegel, um 6 Uhr Abends sind wir in Brohl.

Laacher See.

Das Abendbrod ist heute wieder einmal redlich verdient, wir lassen es uns hier trefflich schmecken, und fahren dann zu der Insel bei Hammerstein hinüber, auf der wir schon am Vormittag einen sehr günstigen Lagerplatz erkundet hatten. Die Sonne hatte unsere bisherigen Tagesfahrten begünstigt, jetzt half auch noch der Mond, den Reiz der Pfingstbiwaks auf dem Rheine zu erhöhen. Seine volle, runde Scheibe erleuchtete diese fünfte Nacht, die wir seit Biebrich unter freiem Himmel zubrachten.

Still und feierlich bricht der Pfingstmontag an. Früh um sechs schwimmen wir wieder auf dem Wasser. Noch ist der Strom ziemlich still, in vornehmer Ruhe liegen die Schlösser Rheineck, Ahrenfels, Ariendorf; doch immer lebendiger wird die Landschaft, je mehr wir uns dem Siebengebirge nähern. Der erste Salondampfer, der mächtige „Kaiser" rauscht an uns vorbei, gedrängt voll von Menschen. Sicher unserer Fahrzeuge fahren wir hinein in die Wogen, welche die riesigen Schaufelräder auftürmen, manch kräftiges „Hip, hip — hurrah!" grüßt unsre Fahrt, mancher Schreckensruf aus zart besaiteter Seele ertönt, wenn die Wasserberge uns zu begraben scheinen.

Dann ziehen die bekannten Schönheiten dieser Strecke an uns vorbei, rechts Linz, die St. Martinskirche, links Remagen mit seinem Kleinod der Appolinariskapelle; wie eine weiße Rose aus grünem Busch schaut Schloß Marienfels von der bewaldeten Felswand hernieder, und jetzt — noch eine Biegung rechts, da liegt vor uns das herrliche Bild, geheißen Rolandseck — Nonnenwert — Drachenfels — die Perle der ganzen Rheinlande.

Angelangt am Fuße des Königs der sieben Berge, „des Drachenbergs im Kleid von Felsenschuppen", befestigten wir unsere Boote an der Honnefer Badeanstalt, wo sie durch das „Grafenwerth" geschützt lagen vor den Wellen, welche der ununterbrochene Verkehr im Rheine hier gegen die Ufer wirft.

Am Nachmittage erstiegen wir den Drachenfels und die Löwenburg,

„in den Bergen, wie klimmst du zu schwindelnden Höhen
und blickest hinab in den Strom!"

Das Bild war wohl schön von dort oben, aber leider — mit uns blickten zu viele hinab in den Strom! wie ein Heuschreckenschwarm lag auf der Landschaft die Schaar der städtischen Pfingstgäste, auf den schönsten Punkten wie gesät, lagen die Papiere, auf den stillen Bergpfaden lärmten die „Pfingstochsen" grün besteckt und bekränzt, glotzend das Auge, schleppfüßig der Gang. In den Wirtshäusern, wie drängte sich die Menge, wie stürmte durcheinander die Rotte der Kellner, der schwalbenbeschwänzten!

„Das Fideln, Schreien, Kegelschieben
„Ist mir ein gar verhaßter Klang,
„Sie toben wie vom bösen Geist getrieben,
„Und nennen's Freude, nennen's Gesang —

wo sind sie geblieben, der Tanz im Freien auf grüner Matte statt im Dunste des Tabaks und des Alkohols, die Spiele des Volkes, wie sie uns Gustav Freitag schildert; ja der Waffentanz, von dem Tacitus erzählt! —

„Komm, Ernst — sprach ich am Abend zu meinem Gefährten — fort mit der Wagnerischen Skeptik, welche die Brust uns beengt, hinaus auf des Rheines Silberflut!" Nach wenigen Schlägen landeten wir unsere Barken auf Nonnenwert an der dem Fräuleinstift abgekehrten Seite der Insel.

Hier ist das Reich wahrer Poesie, unbestimmt und verworren bringt von den Ufern der Pfingstspektakel an das Ohr und erhöht nur den Reiz der Einsamkeit und Stille auf unserm Eiland. Dort hinter den Lindenbäumen ragen vom Monde beschienen die Klostermauern, doch das einstige Grabgewölbe ist gewandelt worden in ein Treibhaus, darein holde Blumen sich entfalten unter sorgsamer Pflege, nur eine kurze Weile eingeschlossen, um bald hinaus gepflanzt zu werden in den Garten des Lebens, zur Freude, zum Segen der Menschen. Hinweggescheucht ist der Schatten der entsagenden Nonne durch frischen Gesang und silberhelles Lachen von rosigen Lippen. Du aber, du Ritter, du trüber Toggenburg vom Rolandseck, was greinst du dort, auf, komme zu uns herüber! Du wiegst nicht viel, du bleicher Gesell, nimm Platz dort auf dem Verdecke, hier, fasse das Ruder, nun vorwärts stroman! Ich wünsche dir und deiner Art, zur Heilung solch eine Wasserfahrt, so kernige Uebung, bedenke, treibt euch aus den Knochen die Kränke, es ist lange genug geschwärmt und geklagt worden in Deutschland, wir haben einst unseres Staates Ehre und Wohl verträumt, ja mehr wie einmal zu Zeiten schönster Dichterblüthe am schmählichsten darniedergelegen, ein Spielball inneren Streites, getreten vom Fuße fremder Gewalthaber, jetzt .... braust ein Ruf wie Donnerhall, wie Schwertgeklirr und Wogenprall zum Rhein — .... doch still — wenn wir hier laut singen, könnten sich gleichgestimmte Seelen einfinden, uns Gesellschaft zu leisten, es wäre vorbei mit Idylle und Einsamkeit.

Arm in Arm wandelten wir noch eine Weile unter den Laubengängen, lagerten dann die Nacht hindurch am Ufer unter einem Nußbaum, der seine breiten Blätter schützend über uns wölbte, und dachten neidlos der in den Gasthöfen zusammengepferchten übrigen Pfingstreisenden.

Am Dienstag machten wir eine Ruderpause und besuchten liebe Freunde aus Düsseldorf, die zum Sommeraufenthalt sich in Godesberg befanden. Gastfrei ohne jegliches Schauwesen, unbeengt von den Fesseln überflüssiger Formen und Vorurteile, frei denkend, offen

36   I. Erste Fahrt von Biebrich nach Düsseldorf.

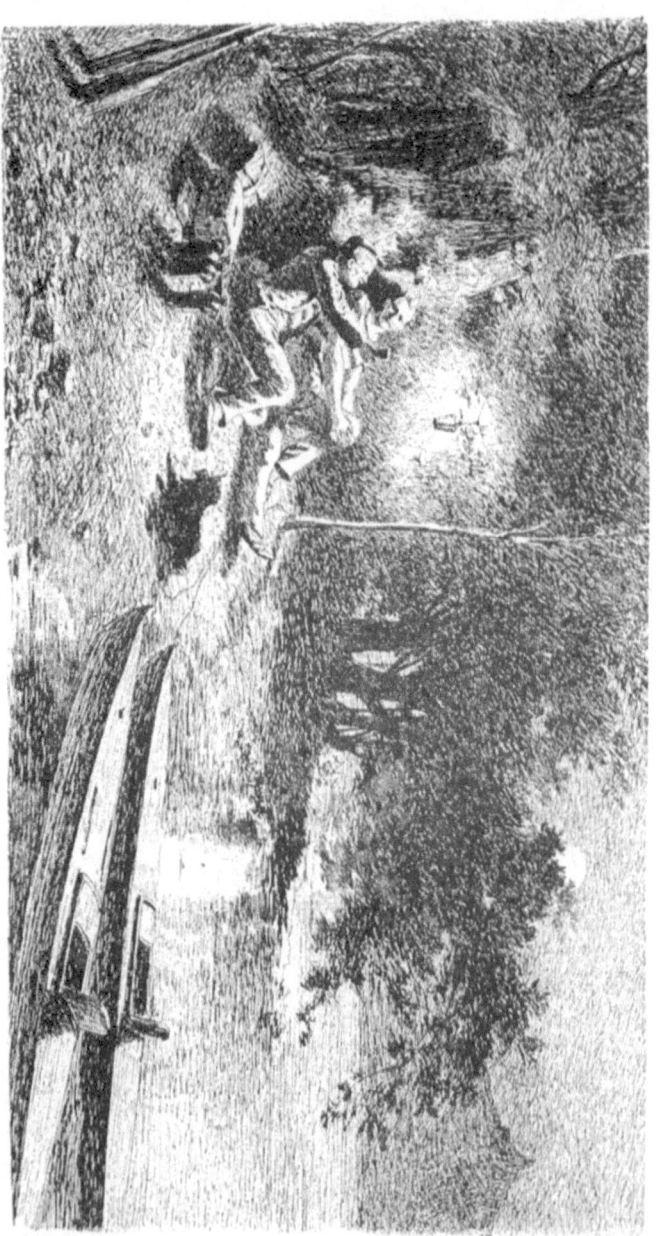

Biwak auf Nonnenwerth.

sprechend — so erschien mir in dieser Familie stets das Vorbild einer
echten deutschen Häuslichkeit. Selbst der Hund der Gäste wurde, wie
es sich gehört und leider selten ist, freundlich aufgenommen, als Gast
behandelt und Bartolo, der seinen Dank dafür hiermit wiederholt,
verlebte seinen glücklichsten Tag auf der ganzen Fahrt.

Man kann sich kaum etwas hübscheres denken, wie die Land=
häuser am Rhein bei Godesberg. Natur und Kunst wetteifern, die
Gärten zu schmücken; klassische Einfachheit und bukolische Fülle, Be=
quemlichkeit und Luxus, am rechten Ort sich ablösend, zieren Aeußeres
sowie Inneres dieser Häuser und sprechen vom Geschmack und ge=
diegenen Wohlstande ihrer Bewohner.

Bei hereinbrechender Dunkelheit nahmen wir Abschied und fuhren
nach Oberkassel hinüber, um bei der stürmischen kühlen Witterung, die
gegen Abend eingetreten war, im Gasthofe zu übernachten. Ich stieg
aus, um in der Finsternis am Ufer einen passenden Platz zum An=
legen der Boote zu suchen; Ernst sollte mir mit dem an sein Boot
geketteten Ibis nachrudern. Plötzlich hörte ich ein verzweifeltes „Kreuz=
Himmel=Donnerkeil"! vom Wasser herüberschallen — mein Gefährte
saß mit den zwei Fahrzeugen am Seil fest, welches einen hier ver=
ankerten Frachtkahn mit dem Ufer verband. In Folge dessen hatte
sich der Salm quer gegen den Strom gelegt und war in Gefahr, vor
den einen breiten Widerstand findenden Fluten zu kentern. Nur mit
viel Mühe und Gewandheit befreite er sich aus der bedenklichen Lage.

Wir machten uns hinführo zum Grundsatz, erstens Anlegestellen
bei Tageslicht aufzusuchen, zweitens, niemals wieder die Boote so zu=
sammen zu binden. Denn nicht nur das geschleppte Boot kann über=
all festsitzen und ist schwer, gerade im Kurs zu halten, sondern auch
der Schlepper ist durch die anhangende Last in seinen Bewegungen
fortwährend gestört, das hintere Boot wirkt als unwillkommenes Steuer
jeder neuen Richtung entgegen.

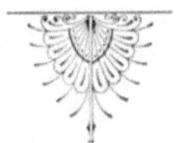

Siebentes Kapitel.

Eine große Tagesarbeit lag vor uns am andern Morgen; wir wollten vor Nacht in Düsseldorf sein. Bisher hatte der Himmel unsrer Fahrt wirklich in allerhuldvollster Weise gelächelt; der Wind hatte uns gefördert, die Wolken uns mit Regen verschont. Heute aber sangen wir vergeblich „O lieber Südwind blase!" Ein rauher Nordwest fuhr uns grob ins Gesicht, als wir aus der Tür traten, und türmte gegen den Strom wirkend, Wellen auf dem Rhein, die zu hartem Kampfe herausforderten. Doch das kann nicht viel stören. Wir sind in „high condition".

Die Berge hatten uns, nur unterbrochen durch das Neuwieder Becken, von Rüdesheim an zu beiden Seiten begleitet. Vom Siebengebirge an treten sie von den Ufern zurück und sind bald vom Wasser aus kaum mehr sichtbar. Der Rhein durchfließt die Hauptrichtung beibehaltend in mannichfachen Windungen die Ebene. Die Ufer entbehren dabei gar nicht des Reizes, es ist ihnen eigentümlich, daß die hier immer noch starke Strömung keinerlei Versumpfungen oder Schilfwucherungen duldet. Scharf begrenzt, von grünen Wiesen oder festem Kiessande eingefaßt, erscheint der Rand des Flusses, übersichtlich die wohlhabenden reinlichen Dörfer, weitflutend, gewaltig der Strom. „Die Ausbreitung des Flusses ladet auch das Gemüt ein, sich auszubreiten und nach der Ferne zu sehen" — so fühlte Goethe, als auch er zu Schiff von Köln nach Düsseldorf zu Jakobi reiste. („Aus meinem Leben.")

Schon drei Meilen oberhalb Köln bei der Flußbiegung von Urfeld hebt sich wolkenragend aus der flachen Landschaft empor der nun

Gelegenheitskauf.

vollendete Dom — „des deutschen Volkes redendstes Denkmal seiner alten Ehre und die Handveste seines angestammten Adels", wie ihn ein älterer Rheindichter mit Recht nennt. Wir hatten stundenlange Muße, das hehre Werk wechselnd zu betrachten, aus der Nähe und aus der Ferne. Die Schönheit seines Inneren war uns schon bekannt auch schien uns die Zeit zu kurz, die Reisestimmung heute zu flüchtig für eine Andacht unter dem Himmel seiner Wölbungen.

Nur zu einstündiger Mittagspause wurde beim „Kölner Ruderklub" angelegt, dessen Einrichtungen jedoch mit viel Interesse in Augenschein genommen.

Hier wie in den meisten Rudervereinen — die nach englischem Muster errichtet, schon zahlreich in Deutschland bestehen, wird das Kanu-Rudern nicht betrieben, ja gar keine Kanus mehr gehalten. Man führt dagegen an, daß es nicht so gesund sei, wie die Bewegung am aufgelegten Ruder, und daß ferner die Verführung, gleich bei der Ankunft im Bootshause in einem einsitzigen Fahrzeuge davon zu rudern, der Pflege des gemeinsamen Ruderns in größeren Booten entgegenwirke.

Was den ersteren Grund anbetrifft, so ist es gar keine Frage, daß das Rudern am pair oar und skull — d. h. mit einem und mit zwei aufgelegten Rudern, wir haben leider noch keine gleichwertigen deutschen Worte dafür — eine viel energischere, allgemeinere, Körperbewegung bewirkt. Besonders mit Hinzutreten des sliding seat (Gleitsitz — das Sitzbrett bewegt sich beim Zuge auf Schienen rückwärts und vorwärts —) wird der ganze Körper wechselnd zusammen- und wieder aufgeklappt. Die Beinmuskeln treten stramm in Mittätigkeit, durch das „Schwingen" werden die Hüftgelenke durchgearbeitet, das Kreuz gestählt, ja in letzter Hinsicht ist das Rudern eine vorzügliche Vorübung, bez. Ergänzung für das Reiten.

Hierneben möchte ich jedoch zum Vorteil des Kanus Folgendes anführen:

Erstens hat das freie Rudern (ohne Auflage) den großen Vorzug vor allen andern Arten, daß man nach vorwärts statt nach rückwärts sieht. Zweitens ist die halbliegende Körperhaltung auf dem Grunde des Bootes ungleich bequemer, wie der Sitz ohne Rückenanlehnung in den anderen Fahrzeugen. Man kann den ganzen Tag darin zubringen, ohne zu ermüden, ja sogar darin schlafen, sich lang hineinlegen. Drittens kann man ein ebenso reichliches Gepäck mitnehmen, wie sonst auf Reisen — ich führte schon bis zu 30 Kilogramm in meinem Kanu mit — und dieses wie auch Mittel- und Unterpositur des Körpers vollständig gegen Wellen und Regen schützen, und viertens sicher in hohem Wellengange rudern, was bei fest aufliegenden Riemen sehr erschwert, bei sehr flachliegenden outriggers (schmale Boote mit seitwärts ausgesetzten Ruderauflagen) unmöglich wird. Endlich passiert man die schmalsten Gewässer und engsten Durchfahrten, ohne Ruder und Aussetzer mühsam einziehen zu müssen.

Alle diese Eigenschaften eines „Reiseboot's" — so bezeichnet man unsere Art Kanus am besten auf deutsch — treten zwar schon im Verlauf meiner Erzählung hervor, doch wollte ich sie hier noch gesammelt hervorheben. Nimmt man noch die große Leichtigkeit hinzu, diese einfachste Ruderart zu erlernen, die alle anderen Sorten Boote übertreffende Sicherheit vor dem Umschlagen, weil man auf dem Grunde sitzend das ganze Gleichgewicht in der Gewalt hat — so ist wohl jedem Wasserfreund, hauptsächlich dem „wilden", außerhalb eines Vereins stehenden, anzuraten, sich ein Reiseboot anzuschaffen.

Noch eins muß ich diesen technischen Auslassungen hinzufügen — auf die Gefahr hin, mit einer tyrannischen Mode in Streit zu geraten.

Es betrifft eine Richtung, die ich nicht nur auf dem Gebiete des Wassersports zu bekämpfen für dringend halte. Ich möchte sie als die „anglomanische" bezeichnen. Jeder weiß, daß mit dem Ausdruck Anglomanie nicht die Nachahmung englischer Verhältnisse und Vorbilder bezeichnet werden sollen — von dem Segen solcher Nachahmung auf dem Gebiete der Körperpflege habe ich in der Einleitung gesprochen — sondern das Vergessen unserer volkstümlichen Eigenart und Bedürfnisse, die blinde Uebertragung an falscher Stelle, die Nachahmung der Fehler der Engländer. Zu den Fehlern rechne ich hauptsächlich die aus England zu uns gekommene „Jobberei"; auf dem Gebiete des „turfs" vor allem die hohen Wetten, die „Buchmacherei", die an Betrug streifenden Compromisse. Zu dem Vergessen unserer Eigenart gehört die zu allgemeine Züchtung der Pferde auf Schnelligkeit, daraus folgend die Ueberzahl der Flachrennen auf unseren großen Bahnen, das Abnehmen der „Herrenreiten". Die „Herren" setzen zwerghafte Mietlinge auf die edlen Rosse — das Pferd wird nicht mehr zu ritterlichem, sondern zum Glücksspiel benutzt, welches die schlimmsten Leidenschaften im Menschen wach ruft, dem Gewissen weite, dem sittlichen und Rechtsgefühl enge Grenzen zieht und schließlich den „turf" zu schlüpfrigem morastigen Boden für die Mannesehre macht! —

Der Engländer züchtet neben seinem lang gestreckten Vollblutrenner für fast jeden andern Dienst eine besondere Rasse, sein gewandtes ausdauerndes Jagdpferd, seinen schweren zugkräftigen Ackergaul. Der anglomanisch-deutsche Pferdezüchter sieht sein Ideal nur in der erstgenannten Pferdeart.

Aehnlich steht es auf anderen Gebieten. Der feinnasige aber nervöse englische Hühnerhund verdrängt den vielseitig verwendbaren, viel leichter zu führenden deutschen Vorstehhund. Es ist eine Tatsache, daß der deutsche Vorstehhund, wie er bis in die dreißiger Jahre noch allgemein im Gebrauch war, dem gänzlichen Aussterben nahe steht. „In Schlesien erschien im vorigen Jahre zu einer vom Verein „Nimrod-Schlesien" ausgeschriebenen Preissuche aus „der ganzen Provinz kein einziger deutscher Hund" (Schles. Ztg. Juli 1882). Unsere Hundezüchter, deren Jagdpassion mit Hühnersuchen und Klapperjagden im Großen und Ganzen ausgefüllt ist, vernachlässigen also die Bedürfnisse der Berufsförster. „Es wird viel Mühe machen, das spärlich vorhandene Material aufzufinden, durch welches sich die alte deutsche Rasse wieder herein züchten ließe."

Beim Wassersport ziele ich mit meinem Angriff auf die exklusive vergewaltigende Richtung des Race-Ruderns, der Regatten, die statt als Mittel zum Zweck, wie es sein müßte, lediglich einem Selbstzwecke dienen, und dabei durch Uebertrainierung des Wettruderers dessen Körper mehr schaden wie nützen. Ich führe zu meiner Unterstützung zwei einfache Tatsachen an.

1. Einer der ersten Ruderklubs Deutschlands, der „Frankfurter Ruderverein", zählte mit Beginn des Jahres 1882 unter 278 Mitgliedern 65 aktive, die „Frankfurter Germania" unter 408 Mitgliedern sogar nur 48 aktive.

2. Die in England das Wettrudern als Gewerbe betreibenden sogenannten „professionals" werden notorisch meist nicht älter als 40 Jahr. Auch in unsern deutschen Klubs kommen bezahlte, ausgehaltene „Ruderknechte" mehr und mehr in Gebrauch. Einer derselben bekam anläßlich seines Trainings für eine Regatta einen Blutsturz.

Der letztere Fall braucht wohl keinen weiteren Kommentar; zu 1. führe ich erklärend an, daß das Rudern in den schmalen flachgehenden Booten, auch in den etwas breiteren sog. Schulbooten mit aufgelegtem Ruder eine bedeutende Uebung verlangt, der sich zu unterziehen Einige nicht Zeit, andere nicht Lust haben, und daß zu der ad 2. genannten Art von Training erst recht den meisten der hierzu nötige Fanatismus mangelt. An 80 Prozent der Mitglieder der meisten Klubs bekunden daher ihren Eifer für den Wassersport lieber durch bloßes Zahlen, fleißige Teilnahme an Bowlen und Krebsessen in den hübsch gelegenen, comfortabel eingerichteten Bootshäusern und Paradieren in „Farben" bei Regatten und Stiftungsfesten.

Welchen Wert hat nun solch ein Klub für die Körper- und Gesundheitspflege der letzteren Kategorie seiner Mitglieder? Würden nicht eine große Anzahl derselben, wenn mehr Kanus oder leicht zu rudernde Boote vorhanden wären, sich auch dieser herrlichen, Leib und Seele erfrischenden Uebung zuwenden? Würden dieselben nicht auch Vorteil und Genuß von täglichen Fahrten, größeren Ausflügen, ja Wasserreisen haben, auch ohne das Bewußtsein, eine halbe deutsche Meile in zehn Minuten rudern zu können, oder den Kaiserpreis in Ems davongetragen zu haben? Jeder denkende Leser möge hier urteilen: Was ist besser für „Körper und Geist" — die „freie Rheinfahrt" oder eine „race"? — Zeit und Kosten sind bei ersterer geringer.

Mögen die „races" fortbestehen zur Anregung, zur Befriedigung des Ergeizes solcher, die sie bedürfen; auch als Prüfmittel der Maximal-Schnelligkeitsleistungen in den verschiedenen Vereinen, als Gelegenheit zur Erkennung und Verbreitung der besten „Form" haben sie ihre Berechtigung so gut wie die Flachrennen zu Pferde gegenüber Jagdreiten und Steeplechasen; möge man sich aber auch in den Ruderklubs der Erstrebung solcher Resultate zuwenden, wie sie der Düsseldorfer Verein aufzuweisen hat, bei dem die Mehrzahl der Mitglieder den letzten leichten Winter hindurch täglich — mit Ausnahme weniger Wochen, in denen das Schlittschuhlaufen ablöste — auf dem Rheine oft bei mehreren Grad Kälte ruderten, und in welchem einzelne in einem Jahre über 300 Fahrten gemacht haben.

Derselbe Verein anerkennt dabei auch die Wichtigkeit des Raceruderns zum Zwecke der Ausbildung einiger seiner Mitglieder zu wirklich guten Ruderern, welche, von der Regatta nach Hause gekehrt, mit um so größerem Eifer sich bemühen, das was sie an guter Form gesehen und selber gelernt haben, recht vielen andern zu lehren.

Wegen des bedeutenden Aufwandes an Geld und Zeit, welchen die Beteiligung an den großen interprovinzialen oder gar internationalen Regatten und die Vorbereitung auf dieselben erfordert, wird beabsichtigt, kleinere Wettkämpfe mit benachbarten Rudervereinen anzuregen. Dieselben müßten zu verschiedenen Jahreszeiten, wenn überhaupt das Wasser eisfrei ist, auch bei rauhem Wasser mit stärkeren geklinkerten Booten, auf neutralem Boden, d. h. in beiderseitig nicht gekanntem Wasser veranstaltet werden. Es sollte auch nicht nur stets um kurze Strecken von 2—3000 Metern sondern auch um meilenweite Entfernungen stromauf und stromab gekämpft werden. Hierbei würde nicht nur das in künstlichem oft widernatürlichem Training aufflackernde Strohfeuer, sondern hauptsächlich eine durch jahrelange Körperübung und Erfahrung erworbene Leistungsfähigkeit, Ausdauer und Kraftabmessung ihre verdiente Würdigung finden.

Statt daß die Vereine immer nur mit einzelnen — sit venia verbo — Paradehengsten vorfahren, müssen alle Mitglieder zur Herausbildung und Erprobung ihrer oft latenten, ihnen selbst unbewußten Kräfte zugelassen, angeregt werden. Das eine Pferd ist schnell — das andere ausdauernd. Der Renner auf flacher Bahn und der moderne Raceruderer erproben dieser den besten „style",

jener das beste „Blut". Sogenannte Distanzeritte und Dauerruder=
fahrten bringen aber mindestens gleichwertige — für die Praxis
jedenfalls direkter auszunutzende — Eigenschaften zur Geltung.

Allgemein nun mutet man sich in Bezug auf die einem zur
Verfügung stehende Ausdauer zu wenig zu. Es muß nur die
Willenskraft dazu kommen. Ein Beispiel, was gesunde kräftige
Menschen ohne große Vorbereitung im Dauerrudern leisten können,
ist folgende zweitägige Fahrt von 7 Mitgliedern des oben erwähnten
Vereins, unternommen in einem sechsriemigen schweren sog. Damen=
boote: Abfahrt von Düsseldorf Sonnabend früh 6½ Uhr, Richtung
stromab, (größere) einstündige Ruhepause in Rees, Ankunft in Arn=
heim am Abend desselben Tages um 9 Uhr, zurückgelegte Ent=
fernung 18½ deutsche Meilen. Weiter Sonntag früh 8 Uhr, wenig
Strom, Wind meist ganz von vorn, längste halbstündige Pause mit
Aussteigen in Wyk Durstede, Ankunft in Rotterdam 10 Uhr Abends
desselben Tages, Entfernung 17 deutsche Meilen.

Es muß dabei hervorgehoben werden, daß die Mannschaft
keineswegs ausgesucht war, sondern sich nach Abkömmlichkeit vom
Berufe schnell zusammengefunden hatte, daß drei der Ruderer noch
Anfänger waren, die allerdings auf dieser Fahrt außerordentliche
Fortschritte machten, und endlich, daß alle ausnahmslos keine Ueber=
müdung verspürten, im Gegenteil sich körperlich und geistig in der
folgenden Zeit besonders frisch fühlten. — Eine andere erwähnungs=
werte Dauerfahrt von 8 deutschen Meilen ist die von Düsseldorf nach
Köln gegen die Strömung des Rheines, von drei Mitgliedern des
Vereins in einem „Doppelskuller" von morgens 8 Uhr bis abends
8 Uhr zurückgelegt.

Ich will diese meine Ausführungen nicht schließen, ohne das
„Handbuch des Rudersports von Silberer" erwähnt zu haben. Es
ist bislang das einzige seiner Art in Deutschland und in technischer
Hinsicht als ein vorzüglich geschriebenes Werk zu bezeichnen. An=
dererseits kennzeichnet es auch die oben angedeutete Richtung, welche
unsere Ruderbestrebungen genommen haben, bezw. zu nehmen drohen.

**Der Sport darf nicht als bloßes Vergnügen betrachtet
werden, sondern muß durch möglichst „künstlerische" Ent=
wickelung seiner Eigenart sowohl, wie durch Verfolgung
möglichst praktischer Zwecke einen höheren Wert, ja man
kann sagen einen national=ökonomischen Nutzen anstreben.**

Wenn demnach Herr Silberer in seinem Buch die Schwierig=
keit, die deshalb nötige Gründlichkeit für Erlernung guten Ruderns
betont und feste Regeln zur Erreichung der „besten Form" zusam=
men stellt, so dient er durch diese Veröffentlichung — ebenso wie
die guten Wettruderer durch die Ausbildung einer „hohen Schule"
der Ruderkunst — dem Volkswohle.

Nun tritt aber wie bei so vielem edlen Denken und Streben

44 I. Erste Fahrt von Biebrich nach Düsseldorf.

Zons.

der Menschen, auch hier die Ausartung, die „Parabasis" hinzu. Die Aristokratie wird Oligarchie. Die zur Verbreitung ihrer Kunst berufenen Besten werden Terroristen, dulden nichts neben sich, was ihnen nicht ebenbürtig, ja in ihrem eigenen Kreise wuchert die Schlingpflanze des Egoismus, der Eitelkeit so hoch, daß sie idealere Auffassung, höhere Zwecke erstickt.

Dem gegenüber möchte ich als zweites Gebot für unseren deutschen Sport den Satz hinstellen:

Jeder wahrhaft Gebildete muß streben, das, woraus er selbst Vorteil und Genuß zieht, seinen Mitmenschen mitzuteilen.

Kann man eine solche Auffassung von einem bezahlten Ruderhandwerker, einem professional — um mich des technischen Namens zu bedienen — nicht erwarten, so möchte ich doch den im Silberer erläuterten Titel „gentleman-amateur" so verstanden wissen.

Man ist denn auch „als einen Erfolg im Rudersport, auf den Deutschland (!!) stolz sein kann" (Silberer Seite 17), das Ereignis zu rühmen wohl nicht berechtigt, „daß der deutsche Skuller Achilles Wild zu Henley drei Gegner, darunter .... den weitaus besten Skuller in ganz Frankreich und Belgien, besiegte, während nur ein Skuller, der „Amateur-Champion" Englands, ihn hinter sich einkommen sah".

Wenn etwa bei Hochflut und Wassersnot sogenannte „gentleman-amateurs" der deutschen Rudervereine Hunderten von Menschen das Leben gerettet — oder wie die braven Jungens vom „Mainzer Ruderverein" die Ueberschwemmten mit Lebensmitteln versorgt hätten — das wäre meiner Ansicht ein „Erfolg im Rudersport, auf den Deutschland stolz sein könnte!"

Ebensowenig ist das dem Ruderphänomen Edward Hanlan geweihte 36 Seiten lange Kapitel im Silberer geeignet, Begeisterung für den Rudersport hervorzurufen. Sein Inhalt dient vielmehr als kultur-historisch interessanter, zugleich warnender Beitrag, bis zu welchen Ausschreitungen und Lächerlichkeiten ein in falsche Bahnen geleiteter Sport vernünftige Menschen verführen kann.

Das Kanufahren erwähnt Herr Silberer überhaupt nicht und bekundet damit, daß er dieser Art zu rudern eine sportliche Daseinsberechtigung nicht zuerkennt. Der Hauptbeweggrund für diese Mißachtung ist wohl der, daß die Kanus für die moderne Art des Wettruderns nicht geeignet sind. Und doch sind mir Fälle bekannt, wo bei solchen, die damit anfingen, in einem Kanu auf dem Wasser „umherzulöffeln", dadurch die Liebe zum Wasser sich bildete und gerade von ihnen dann in weitere Kreise getragen wurde. Das Kanufahren verhält sich zu dem anderen „stylgerechten" Rudern, wie Wandern und Turnspiele zum Vereins- und Abteilungsturnen.

Für den Anfänger mit wenig entwickelten oder überhaupt in geringem Maaß vorhandenen Kräften ist es sogar vorzuziehen, er lernt Wasser und Strömung kennen, selbständig beurteilen und vermeidet dabei die Ueberanstrengung des ersten Eifers, des falschen Ergeizes, welche bei gemeinsamem Rudern schon manchen schwer geschädigt hat. Die Engländer rudern, reisen sehr viel, ja haben Wettrennen in Kanus, warum machen wir ihnen das nicht auch nach?

Doch genug dieser Auslassungen. Ich hoffe, daß der Grundgedanke, welcher sie beseelt, meinen Gesinnungsgenossen verständlich geworden ist. — Vielleicht wird die Form, in welche ich ihn gekleidet, den Gegnern manche wohlfeile Handhabe zum Widerspruch bieten. — Auf der „freien Rheinfahrt" wird aber auch frei gesprochen.

Windmühle bei Zons.

An diesem zehnten Tage der Reise legten wir den Wasserweg von Oberkassel bis Düsseldorf, zwölf und eine halbe deutsche Meile betragend, bei zweistündiger Mittagspause in Köln von 7 Uhr früh bis 8 Uhr abends zurück. Ein kurzer Halt wurde zwischen Köln und Düsseldorf noch vor Zons gemacht. Das Städtchen steht an Stelle des einst wichtigen römischen Lagers Sontium und war mit dem unterhalb Düsseldorf gelegenen Gelduba (heute Gellep) eine der Hauptetappen auf der linksrheinischen uralten Heeresstraße von Colonia Agrippina nach Castra vetera (Xanten). Früher spülten die Rheinfluten an seine Mauern, jetzt liegt es tausend Schritt landeinwärts unter Pappeln und Weiden versteckt. Ein überraschendes Bild gewährt die noch ganz mittelalterliche Silhouette der Festungsmauern und Türme, wenn sie sich vom Mondenschein gespenstisch beleuchtet am dunklen Nachthimmel abheben; der wunderbarste Anblick aber ist ein uralter Wartturm an der Westfront, dem die Prosa unseres Jahrhunderts eine holländische Windmühle als Kappe auf das ehrwürdige Haupt gestülpt hat.

In Düsseldorf wurden die Boote im Wohnhause des D. R. V. untergebracht. Dann ging es in die „Uhl" — einen Ort, der Gott sei Dank von den wenigsten Rheinreisenden, ja selbst von Einheimischen wenig gekannt ist. Doch darin gerade, in der anspruchslosen Bescheidenheit beruht der Hauptreiz der Uhl, sie, die ihrem Charakter und Verdienste nach an die Seite des berühmten „Nürnberger-Bratwurstglöckle" in Reisebüchern ebenbürtig sich zu stellen berechtigt wäre. Uns erwartet in diesem ihrem Stammlokal eine lustige bunte Gesellschaft. Allabendlich tagen sie dort, die „Stammherren der Uhl" mehr oder minder zahlreich vertreten, große Geister der verschiedensten Berufsarten, Leuchten der Wissenschaft und Kunst, eine Rupublik bildend mit ehrwürdigen unantastbaren Gesetzen, aber Hohn sprechend jedem gesellschaftlichen Despotismus.

Stimmte schon der dortige Willkommentrunk als harmonisch stilvoller Schluß zu unserer Reise, so krönte recht eigentlich diese erste Hälfte der Fahrt ein Fest, welches ebenda nach einigen Tagen um den Altar des hergeruderten Bopparder Fäßleins unter sangesfrohen Ruder- und Rheinfreunden gefeiert wurde. —

Zweite Fahrt
von Düsseldorf nach Antwerpen.

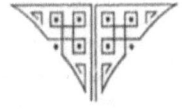

Niederrheinisches Ruderlied.

In's Boot, in das Boot und die Ruder zur Hand,
Mit den Strudeln herum uns zu schlagen!
Wer immer am Ufer des Rheines nur stand,
Weiß nichts von dem hehren zu sagen.
Doch mitten im Strom und benetzt von dem Gischt
Um die Liebe des Rheines zu ringen,
Hei! wie das den Leib und die Seele erfrischt
Und dem Geiste leiht freiere Schwingen.
    Ruder aus — fertig — legt aus — los —!
    Lustig nun wiegt uns des Rheinstroms Schooß.

Was Berge! Was Burgen! Zu weiterem Dom
Wölbt hier sich des Himmels Gewölbe,
Und Abends versinket die Sonn' in den Strom,
Und der Strom ist auch hier noch derselbe:
Ja, freier in eigener Schönheit erglänzt
Allhier er im schlichteren Kleide,
Als wo er, von Bergen und Burgen bekränzt,
Sich brüstet im Flittergeschmeide.
    Ruder aus — fertig — legt aus — los!
    Seht wie der Rhein hier so frei ist und groß.

Und gleiten wir glatt auf der spiegelnden Bahn
Einher mit geschmeidigen Schlägen,
So sehen wir schmeichelnde Nixen sich nahn
Und liebend an's Knie sich uns legen.
Doch wallen die Wogen und schäumet die Flut,
Als machten uns Geister zu schaffen,
Da schwillt uns der Busen, da wächst uns der Mut
Da werden die Ruder zu Waffen —
    Ruder aus — fertig — legt aus — los!
    Mächtig umbraust uns der Wogen Getos!

Auf, gegen den Strom! Ist die Mühe auch heiß,
Macht frisch sie das Blut uns doch wogen,
Hinunter dann gleiten — schon winkt uns der Preis —
Wir von selbst, wie von Schwänen gezogen.
So sehen beim Rudern in rüstigem Tun
Ein Bild wir des menschlichen Lebens:
Erst heißt es zu schaffen, dann heißt es zu ruhn,
Sonst suchen die Ruh wir vergebens.
    Ruder aus — fertig — legt aus — los!
    Schaffen und Ruh'n ist das menschliche Loos.

Karl Woermann.

Achtes Kapitel.

Wochen waren vergangen bei geordneter Berufstätigkeit und nicht vernachläßigter Ruderarbeit. Dem milden Frühling war ein heißer Sommer gefolgt, fast senkrecht brannten die Strahlen der Julisonne, schwül war es in den Häusern, staubig auf den Straßen — die Wasserfreuden blühten. Da machte sich die verhaltene Reiselust wieder Luft, die Geldverhältnisse sind leicht in Einklang zu bringen mit unseren Robinson=Ansprüchen, nichts stand mehr im Wege, drum leb wohl, Musen= und Gartenstadt, „bei dir du Vater Rhein, auf deinen Wogen möcht ich sein!"

Das ist, nicht wahr lieber Leser, die richtige Stimmung für der Reise, wie der Erzählung Anfang? Wie gern auch ließe ich die Jeger weiter eilen, leicht beschwingt wie ein Ruder in kräftiger Faust ohne Unterbrechung folgend dem Schifflein und malend die tausend Bilder am Ufer! Und doch muß ich oft mir selbst Halt gebieten und — pedantisch getreu dem Zwecke meines Büchleins, entsagen dem Greifspiel mit den lieblichen Geistern und Nixen, den Erinnerungen, und mich setzen auf das Katheder didaktischer Schreibart.

Denn nicht ohne gewichtige Verbesserung begannen wir diese zweite Fahrt. Unsere Boote sind im Stande, falls sie andringendem Wasser keinen Widerstand bieten, einen starken Wellenschlag auszuhalten. Mit Sicherheit und Grazie tragen sie ihre Schiffer über hohe Kämme hinweg, ohne das Gleichgewicht im geringsten zu verlieren. Es muß schon eine haushohe Woge sein, die — von oben herabstürzend und das ganze Fahrzeug begrabend — im Stande wäre, dasselbe umzuwerfen. Die Gefahr — weniger des Umwerfens, wie des Angefülltwerdens — wächst indessen mit dem Widerstand, der durch Rudern oder Festlegen entsteht. Das Wasser schlägt von vorn oder von der Seite herüber, — man sitzt im Wasser. Nachdem es ganz voll geworden, hält sich das Boot — wie ich es ausprobiert — noch auf der Oberfläche, verliert aber das Gleichgewicht und schlägt um. Bei der Bauart unserer Boote fällt dann der Ruderer sofort heraus und kann mit dem leicht zu lenkenden Wrack schwimmend, das Ufer erreichen, das Wasser ausgießen und weiterfahren. Die Gefahr des Hängenbleibens im Boote entsteht bei zu kleiner Oeffnung. Nur der Grönländer mit seinem aus Fischbein und Seehundsfell bestehenden Kajak sitzt wasserdicht in einem ganz kleinen Loch, daß kaum seine Taille mißt, schlägt um und richtet sich vermittelst des langen Ruders wieder auf. Obgleich ich dies selber noch nicht versucht, bleibt es ja jedem Liebhaber überlassen, diese Uebung vorzunehmen. Kajak heißt auf grönländisch „Männerboot". Weiberboot, d. h.: größeres, bequemeres, oben offenes Boot heißt „Umiak".

Nun gibt es aber auch für unsere Art schwererer „Grönländer" eine Einrichtung, die vor Wellen schützt und dabei die Gefahr des Hängenbleibens ausschließt. Eine Schürze oder deutlicher gesagt eine Art kurzer Rock von wasserdichter Leinwand wird fest um den Leib geschnürt. Für die Befestigung des unteren Randes am Boote gibt es die verschiedenartigsten Systeme. Die Schwierigkeit liegt darin, daß Abschluß und leichtes Losgehen zugleich erreicht werden müssen. Wir konstruierten uns folgendes „noch nicht patentierte" Modell.

An dem unteren Rande der Schürze sind Zungen von Blech befestigt; dieselben passen in gleich weit entfernte auf das Deck genagelte Blechschlitze. Das apron — wie der Engländer es nennt — schließt somit gegen Wellen und Regen ab, trennt sich aber bei geringem Zerren nach oben oder seitwärts vom Boote gänzlich ab. Kentert der Schiffer, so fällt er ohne weiteres aus dem Boote heraus und wird im Schwimmen durch das Stückchen Leinwand um seine Taille eher unterstützt als gehindert. Es ist noch zu beachten, daß man die Entfernungen der Blechzungen untereinander nicht zu knapp bemißt und den Stoff durch langes Liegenlassen im Wasser vor der Verwendung gegen Einspringen sichert. In England, wo Kanureisen durch Wind, Regen und Wellen schon längere Zeit üblich sind, gibt es eine Menge anderer Formen des apron; unsere deutschen Bootbauer bringen an den bei uns nur für kleinere Spazierfahrten benutzten Kanus als Wellenschutz nur einen sogenannten „Waschbord" an.

Diese Vorrichtung hatte uns bei der ersten Reise gefehlt. Anfangs bei dem schönen Wetter hatten wir sie nicht vermißt. Am letzten Tage jedoch hatte uns bei der eiligen Fahrt der konträre Wind manche Welle in die Boote gepeitscht, deren unangenehme Wirkung noch in zu guter Erinnerung war, als daß wir nicht hätten auf Abwehr denken sollen. —

Von den englischen Systemen wurde mir als das beste folgendes genannt: Der Rand der Sitzöffnung erhält eine rundumlaufende „Nute", in welche eine Gummiwulst hineinpaßt, welche in den unteren Saum des „apron" eingenäht ist. Das apron hat hier nicht die Form einer bloßen Schürze, sondern eines rund um die Hüften reichenden kurzen Rockes (Balletkleides). Dieser muß hinten besonders reichlich zugeschnitten sein, damit er über die Rückenlehne herüberreicht. Es gehört nun viel Sorgfalt und Ausprobieren dazu, um mit diesem „Kleidungsstück" zwei Eigenschaften zu erreichen: Erstens hermetischer Abschluß gegen Wasser, zweitens Abtrennung des Saumes vom Bootsrand bei leichtem Zerren. Das letztere ist von größter Wichtigkeit, da der Kanufahrer trotz seiner verhältnismäßigen Sicherheit immerhin mit der Möglichkeit des Umschlagens rechnen muß. Hat er jedoch einmal ein sicheres apron sich konstruiert und ausprobiert, d. h. durch ausdrückliches Umschlagen in seichtem Wasser sich von der leichten Lösbarkeit überzeugt, dann kann er auch mit seinem Fahrzeug sich in das „rauheste" Wasser begeben und auch den Kampf mit der Meeresbrandung ohne Bedenken aufnehmen. In dieser Richtung ausgebildet wird das vielfach verachtete „Paddeln" seine hohe Bedeutung für den Wassersport stets behalten.

Ein Kompaß, zwei große Bootsschwämme und zwei Fangleinen, jede 30 Fuß lang, bereicherten diesmal noch unsere Ausrüstung; ein Reserveruder war seitlich am Salm befestigt, Bartolo frisch geschoren, und waren ihm als erhöhter Komfort zwei Leisten an seinem glatten Sitz befestigt. Sonst blieb alles beim Alten.

Ich erwähne noch, daß ich ein einfaches lateinisches Segel zu meinem Boote besitze und früher auf Landseen öfter benutzt habe. Es erfordert ziemlich viel Uebung, dasselbe zu handhaben und mehr als einmal bin ich dabei umgeschlagen. Kreuzen kann man damit nicht

54 II. Zweite Fahrt von Düsseldorf nach Antwerpen.

Düsseldorf.

Ankunft in der „Ahl".

ordentlich, der Nutzen des Ruderns geht den Muskeln verloren, auf Flüssen mit starker Strömung ist es fast ganz unbrauchbar, auf größeren Gewässern gefährlich — kurz ich bin ein Gegner des Segelns mit Kanus. Von großem Nutzen dagegen kann die Mitnahme eines kleinen Zeltes sein, zumal auf zwei Boote verteilt, läßt es sich leicht fortschaffen. Auch einen Schwimmgürtel werde ich mitnehmen zu der nächsten Fahrt, welche mich wieder auf große Wasserflächen führt. Ferner noch einen großen grauen Regenschirm, unter dem „Familien Kaffee kochen" können. Ein solcher ist im Biwak durch nichts besseres zu ersetzen und ist außerdem zum Segeln „vor dem Wind" ausgezeichnet zu benutzen.

— Es war ein glühendheißer Julitag, den wir für die Abreise festgesetzt hatten, erst gegen sechs Uhr Abends glitten wir von der Neustadt aus unter der Schiffbrücke hindurch an Düsseldorfs Rheinfront vorbei. Das westliche Abendrot leuchtet in den Fensterscheiben und durchflammt den klaren Spiegel des Stroms mit Purpurglut, die Dämmerung legt einen matt=violetten Schleier über die Stadt und den Hafen, verklärt erscheinen auch die prosaischen Teile von Düsseldorf. Die mächtigen Formen der Akademie, des alten Schlosses, die zahlreichen Kirchtürme zeichnen sich scharf auf den dunkelnden Himmel, an welchem des Mondes volle Scheibe eben empor steigt. Wahrlich — unsere Stadt, wenn auch hier weniger kokett wie im Innern, nimmt sich heute auch vom Strom gesehen malerisch aus. Und doch soll es Düsseldorfer geben, die den Rhein überhaupt noch nicht gesehn haben!

Neben uns schwamm eins jener riesigen Flöße, die mehrere hundert Fuß lang die gewaltigen Stämme des Schwarzwaldes dem holzarmen Holland zuführen. Beschäftigt mit Berechnung des Geldwertes dieses schwimmenden Waldes, tönt Gesang an unser Ohr „an des Rheines kühlem Strande stehen Burgen stolz und kühn" — und welch ein Gesang!

Wohl ist es nicht zu verwundern, daß der Schwarzwälder Flößer, in der Einsamkeit seiner lieblichen Heimat zur Poesie erzogen und nun wochenlang auf dem Rhein ein idyllisches Dasein verlebend, gern singt, doch billig waren wir erstaunt, eine Kunstleistung von diesen Kindern der Natur zu hören, welche manchen Gesangverein und Liederbund beschämen dürfte. A capella, ohne Noten voll und glockenrein hallte sie über die Wasserfläche, die vierstimmig deutsche Männerweise.

56   II. Zweite Fahrt von Düsseldorf nach Antwerpen.

Das alte Kaiserswerth.

Achtes Kapitel.

Ein prächtiger Tenor alle anderen überragend ließ Melodie und Worte wunderbar klar und vernehmlich hindurch klingen. Ein Lied folgt dem andern, lange trieben wir neben dem Floße her.

Aus einer älteren Reisebeschreibung teile ich über die interessante Floßschiffahrt auf dem Rheine hier noch einiges mit. Dieselbe muß wohl früher in noch viel größerem Maßstabe betrieben worden sein: „Ein „Hauptfloß" ist gewöhnlich 7—900 Fuß lang und ungefähr 70 Fuß breit. Es besteht meist aus Eichen und Tannen und geht je nach der Ladung 6—8 Fuß tief im Wasser. Die Zahl der Arbeiter und Ruderknechte beträgt bisweilen 900 Mann, welche in von Brettern zusammengefügten Hütten wohnen, unter denen sich die Herrenhütte

Uebersicht der Rheinfahrt.

durch größere Eleganz und Bequemlichkeit auszeichnet. Die Consumtion eines Hauptfloßes von Namedy (unterhalb Brohl) bis Dortrecht betrug 18000 Pfund frischen, 10 Zentner geräucherten Fleisches, 40—50000 Pfund Brod, 10—15 Zentner Butter, 12000 Pfund Käse, 30—40 Malter Hülsenfrüchte, 5—600 Ohm Bier und 6—8 Stückfässer Wein. Es wird immer Schlachtvieh mitgeführt, daher stets einige

Metzger auf dem Floße sind. Ein derartiges großes Floß erfordert ein Kapital von 3—400000 Gulden; weshalb gewöhnlich eine Gesellschaft sich zu einer solchen Unternehmung vereinigt, welche, wie man am Rhein sprüchwörtlich zu sagen pflegt, drei Kapitale haben muß, eins auf dem Lande, eins auf dem Wasser und eins in der Tasche. Die Flößer haben ihre eigenen technischen Ausdrücke. Soll das Floß zur Rechten gelenkt werden, so wird „Hessenland", zur Linken dagegen „Frankreich" gerufen. Der Ruf: „Ueberall" ladet zum Essen ein; „Aufüberall" ist der Befehl zur Abfahrt. Der Steuermann steht auf einem Gerüst, von dem er das Ganze übersehen kann. Man rechnet durchschnittlich den Wert eines Floßes von 500000 Kubikfuß in Holland auf 350000 Gulden." —

Bei Kaiserswerth spiegeln sich in der Flut die uralten Mauern der fränkischen Burg. Der Name deutet, wie sie früher ganz vom Wasser umschlossen lag (Werth=Insel). Aus ihr entführte vor 800 Jahren

Haus Mehrum.

Erzbischof Hanno von Köln den zwölfjährigen Heinrich IV. seiner Mutter. Der mutige Knabe sprang vom Schiffe ins Wasser, doch das Schicksal lohnte schlecht der Kühnheit, der Fluchtversuch mißlang zu des jungen Kaisers und des Reiches Verderben.

Dann grüßt uns links das freundliche Uerdingen, weiter Hohen=Budberg und gegen 8 Uhr fahren wir unter der Bahnbrücke hindurch, in den Kanal hinein, welcher uns nach einer halben Stunde bis an das alte Duisburg (Tuisburg = Deutsche Burg) geleitet. Mit vollem

Römer winkend empfängt uns der Gastfreund, ein herzliches Willkommen redet auch aus Worten und Antlitz der edlen Frauen des Hauses. Bei zwangloser angeregter Unterhaltung und Genuß des herrlichen Barytons unseres Wirtes verrinnen die Stunden. Nachdem aber die Schatten der Nacht herabgesunken, da tönte es wie Geisterklänge herauf aus den Tiefen der Erde: „uns plagt ein Dämon, Durst genannt" — da saßen wir Gequälten, von Kellermauern umschlossen, im Banne des Rüdesheimer Berggeistes, der fern vom unterirdischen Throne her seine Macht fühlen ließ bis an die Ufer des Duisburger Kanales.

Die brütende Hitze des folgenden Tages vereint mit lebhafter Rückerinnerung an die vorabendliche „Sitzung" erzeugte trägen Ruderschlag, häufiges Rasten und Baden. Auch war unser Ziel für heute nicht weit. Zwischen Wesel und Götterswickerham (Ham-Hacken, Flußkrümmung), eine Viertelstunde landeinwärts, bedeckt von Epheu, so üppig wie am Heidelberger Schloß, ragen Mauern und Turm von Haus Mehrum. Wie grundverschieden erscheint es doch von unserm ersten Quartier auf der ersten Fahrt, der Villa Sicambria im Rheingau! Diese weithin allen Blicken sichtbar dicht am Ufer des Stroms, blank und neu, ihre Räume erfüllt mit Schätzen heutiger Kunst, mit den Erfindungen moderner Bequemlichkeit — jenes, zurückgezogen von der großen Verkehrsstraße, ehrwürdig mit seinen Spuren jahrhundertelangen Widerstandes gegen Angriffe der Kriege, der Zeit und der Mode, Wände und Decken geziert mit dunkelnden Ahnenbildern, Waffen und Jagdtrophäen — hier ein Abbild des strebenden, zu hoher Bildung und Wohlstand aufgestiegenen Bürgertums — dort der Sitz des Landadels, zum Besten von Staat und Gesellschaft bewahrend die Ueberlieferung der Familie, die Lehren der Geschichte. Wie verschieden auch die Menschen — beide gleich nur für uns in Betätigung echt deutscher Gastlichkeit! —

Neuntes Kapitel.

Heute Ankunft in Wesel und das Wiedersehen mit unserm Freunde K., heiteren Andenkens an den „Flußübergang von Erbach".
Das waren ausgelassen fröhliche Stunden, die nun folgten. Leider fehlte des Hauses Krone, die liebliche Hausfrau; ihr weises Walten aber spürten wir in dem Hauswesen, dessen Teile auch ohne sie harmonisch zusammen wirkten. Die Geistesaristokratie von Wesel war zusammengeladen, in schönem Wechsel folgten sich gesellige, musikalische — materielle Genüsse.

Die heitere Stimmung aber mußte weichen, als wir am folgenden Sonntag Morgen vor dem Denkmal der elf Helden vom Schill'schen Freicorps standen, welche hier auf der Lippewiese vor 70 Jahren von dem fränkischen Blutrichter gemordet wurden. Die Festung birgt noch andere vaterländische Erinnerungen, in dem Erkerhaus neben der alten Willibrods Kirche saß unser „großer König" als Kronprinz gefangen, nachdem der Fluchtversuch vor dem rauhen Vater mißlungen war. Der Kommandant von Wesel rettete damals Preußens Zukunft, indem er vor den wütenden König sprang, welcher den „Deserteur" niederstoßen wollte.

Noch am Vormittag wurde eine gemeinsame Fahrt nach Xanten unternommen. Unsere Freunde fuhren im Dampfschiff, wir in den Booten; wie Piraten umkreisten wir an den Haltestellen das Schiff und tummelten uns in den Wellen zum größten Jubel von K.'s Kindern, die mitgenommen waren. Vom Landungsplatz wanderten wir die schattige Baumreihe entlang hinauf zum Fürstenberg. Hier erhob sich auf den Trümmern römischer Zwingburgen Siegfrieds Stamm=Beste. Hier stand das Prätorium des Quintilius Varus, den

Denkmal der Elf vom Schill'schen Corps.

Hermann der Befreier schlug, hierher führte Siegfried von Wormez aus Buregonden das vil edel magedîn — Chriemhild,

„unz daz si komen zer bürge wol bekant
„rîche unde maere, diu was ze Santen genant. — —

Doch herunter von der Höhe poesievoller Träume — drunten bei Ingelat wartet die Prosa des Frühstücks. Der andere Teil der Gesellschaft war mit Hilfe von Dampf und Omnibus vor uns angekommen. Wir fanden ihn in dem anmutigen Garten des Gasthofes, der mit mannigfaltigen römischen Altertümern geziert ist. Man hatte uns als den Vortrupp einer Akrobatenbande angemeldet und wir empfingen daher die hübsche junge Wirtin, wie sie zur Aufwartung erschien, in möglichst günstiger Reklamepositur. Ernst ging auf den Händen und ich stand Kopf auf einer antiken Sphinx, die in einem römischen Amphitheater ausgegraben und hier auf dem Rasenplatz aufgestellt war.

Doch auch hier machte die Ausgelassenheit ernsten Gedanken Platz, als wir am Nachmittag den St. Viktorsdom, nach dem Kölner die herrlichste Kirche am Niederrhein, betraten. Er trägt den Namen des heiligen Viktor, des letzten Cohortenführers der thebäischen Legion, welcher in Xanten 302 n. Chr. mit 330 Glaubensgenossen unter Maximianus' Regierung hingerichtet wurde. Ueber den Altarnischen laufen Galerien, an deren Brüstung in Glaskasten die Gebeine der Thebäer als Reliquien sichtbar aufbewahrt sind.

Inneres des Domes von Xanten.

Noch am Sonntag Nachmittag ruderten wir weiter. Mehr und mehr nimmt die Gegend den holländischen Charakter an. Die Ufer werden flacher, das Land zu beiden Seiten weithin übersichtlich auch aus der Tiefe unseres Sitzes. Ordnung, Sauberkeit, Fruchtbarkeit und vor Allem Ruhe, verleiht Land, Wohnungen, Vieh und Menschen einen absonderlichen Reiz. Selbst der Strom paßt seinen Gang der Umgebung an und fließt langsamer. Nur ein blöder Sinn könnte dabei die Gegend langweilig finden; das beobachtende Auge entdeckt dauernd wechselnde Bilder, Paul Potter'sche Motive und Stimmungen in der mit Heerden und Dörfer bedeckten grünenden Landschaft. Die blanken kleinen Städte haben alle hübsche Spaziergänge von Bäumen beschattet, am Rhein gelegen. Hier auf den „Boompjes" drängt sich die sonntäglich geputzte Menge, von den Türmen erklingt das Glockenspiel und Läuten der dem Niederrhein eigentümlich schönen Glocken.....

So gleiten wir an Rees und Grieth vorbei. Mehr und mehr bleibt hinter uns des Tages Treiben. Wir kommen „in klare Sommerabendpracht,

„wenn schon der Sterne Heer erwacht,
„Wenn kühl der Mond im Ost sich hebt,
„Die Flur mit blauem Duft umwebt,
„Indes im West des Abends Strahlen
„Den Himmel heiß mit Purpur malen: ...
„Wenn aus des Wassers dumpfer Schwüle
„Der Fisch mit lust'gem Sprung sich schnellt,
„Und in der weichen Schlummerkühle
„So still und heimlich liegt die Welt;
„Wenn in der Uferweiden Dunkel
„Der Elfen Chor den Reigen schlingt,
„Und aus dem Strom ein leis Gemunkel
„Der Nixen auf zum Lichte klingt —
„Das ist die zauberhafte Stunde,
„Wo Tag und Nacht in gleichem Bunde
„Dich kränzen mit dem schönsten Schein
„Du Fürst der Ströme, trauter Rhein!
„Auf Deinem Grund geschmolzen rollt
„Der Nibelungen rotes Gold;
„Das spielt wie Scharlachfeuerglut
„Herauf an's Licht aus deiner Flut.
„Der Stromgott tief zum Schlaf sich neigt,
„Sein Odem leis nach oben steigt,
„Das quillt wie weißen Silbers Schaum,
„Und stickt des Goldgewandes Saum —"

Zu solcher Stunde trieb auch munter Otto der Schütz im Kahn herunter und wahrlich, diese herrlichen Verse Kinkels, unsres jüngst entschlafenen Sängers vom Rhein, mögen dir Eigentum werden, deutsches Volk! Herr Bädeker allerdings sagt vom Niederrhein: „er hat seine Reize verloren, seine Ufer sind flach."

Am Abendhimmel taucht der spitze gotische Turm von St. Adelgundis zu Emmerich auf. In dem lebhaften Rheinhafen wird eben gelandet, Proviant zum Abendimbiß eingekauft und dann fahren weiter

„— hinab der Nacht entgegen:
„Still ward es auf den feuchten Wegen
„Kein Dreibord mehr, kein Fischerkahn
„Durchfurcht die glatte Wasserbahn.
„Er lauscht, wie von dem Strom getrieben
„Am Grund sich fort die Steine schieben;
„Er sieht die langen Silberstreifen
„Von seinem Kiel geschnitten schweifen,
„Und wie der Mond mit Zitterschein
„Sich ausgießt in den dunkeln Rhein.
„Die Nacht umspannt ihm seine Brust
„Mit ihrer schaurig süßen Lust. . . . . .

Erst am andern Morgen orientierten wir uns über den Platz, wo wir die Nacht geruht. Er war wohl nicht weit von Otto des Schützen einstigem Lager. Denn dort am westlichen Himmel hub sich

„Der Thurm so blank im Morgenlichte,
„Darauf der Schwan sich brüstend steht
„Und flammendrot das Banner weht.
„Ringsum ein auserwähltes Gau,
„Mit Wäldern groß und weiter Au,
„Vielarmig rauscht der Rhein hindurch.
„Das Schloß dort ist die Schwanenburg
„Und Cleve wird das Land genannt."

Dicht neben unserm Biwak mündete der Spoy=Kanal. Sollten wir auf ihm nach Cleve fahren oder zu Fuß gehen? Das Rudern in einem Kanal mit meist trübem stagnierendem Wasser hat wenig verlockendes. Wir sind durch die klaren Rheinfluten verwöhnt. Drum lieber zu Fuß! Die Boote wurden aufs Land gezogen, in hohes

Gebüsch gesteckt, denn man darf sie nie trockenliegend der Sonnenglut aussetzen! —

Wir durchwandern zunächst das Dorf Schenkenschanz. Um die spätere Ansiedelung mit dem breiten stumpfen Kirchturm herum wölben sich die letzten erkennbaren Reste der von Martin Schenk von Nydeck erbauten Schanze. In den spanischen und französischen Kriegen bis in das 18. Jahrhundert hinein, spielte die starke Veste eine große Rolle.

Denn von jeher hatte der Punkt strategische und taktische Bedeutung gehabt. Schon hier floß früher der Rhein in Leck und Waal auseinander, es lag somit dieser Posten an der Ostspitze der Betuve, der großen von dem geteilten Strome gebildeten Insel, und war der Schlüssel der Niederlande. Auch Claudius Civilis, der Held der Bataver,*) wird seine Wichtigkeit erkannt und den Legionen des Vespasian hier die Spitze geboten haben. Jetzt beherrscht, eine Meile stromab, ein holländisches Fort die Einfahrt in das Rheindelta.

Nun ging es weiter; durch taufrische Wiesenpfade über Wassergräben und Hecken machten wir steeple chase, zunächst den Gruithausener Kirchturm, dann den Schloßturm vom Cleve im Auge. In Cleve besuchten wir Verwandte meines Freundes. Geführt und liebenswürdigst unterrichtet von den jungen Damen des Hauses durchwanderten wir die interessante Stadt. Das Schönste an ihr ist die herrliche Aussicht vom Schwanenturm. Zu den Füßen hatten wir das altertümliche Cleve, zu beiden Seiten die waldbekränzten Bergrücken, darüber hinaus die weite grünende Ebene, begrenzt durch des Rheines Silberband. Aber am fernen Horizonte nebelgrauer Vergangenheit tauchten vor uns auf die hehren Gestalten der Lohengrinsage; wie schön muß es damals hier gewesen sein, als noch der Rhein den Fuß dieser Waldhöhen bespülte! — ich glaube, den „Spoy"Kanal hätte der Schwan des heiligen Gral gerade wie wir zu durchschwimmen sich gescheut.

---

*) Der Gegensatz in der Bezeichnung der Landschaften nach ihrer Fruchtbarkeit ist gleichbedeutend mit „Geest und Marsch" an der Niederelbe, ja auch ähnlich wie Iran und Turan in Persien.

In gerader Richtung strömte wohl in alten Zeiten der Rhein zum Eltener Berg herüber, nachdem er sich nordwestlich Cleve rechts gebogen. Noch jetzt erkennt man bei Lobith und Aerdt das Bett des früheren Leckarmes, auch greift die holländische Grenze auf dem rechten Rheinufer spitz nach Süden zurück, anscheinend unmotiviert, aber dem Lauf des alten Leck folgend. Wir haben hier ein deutliches Beispiel, wie häufig der Rhein im Laufe der Jahrhunderte in der Niederung sein Bett verändert hat. Vom Fürstenberg bei Xanten an, den er auch einst bespülte, ist sein einstiger Lauf aus noch vorhandenen Gewässern, toten oder trockenen Armen ersichtlich. Demnach hat er bald hier, bald da willkürlich seinen Weg gesucht in einem weiten Spielraum, dessen Grenze links durch den Höhenzug Xanten-Calcar-Cleve-Nymwegen deutlich bezeichnet ist.

Nachmittags besichtigten wir die Weltjagdausstellung. Wir fanden dort wider Erwarten für die Wasserjagd nur wenige, recht schwerfällig gebaute Boote, darunter ein sehr ungeschicktes Kanu.

Abends kehrten wir zu den Booten zurück. Wir wollten heute noch in's holländische hinein. Die Grenze war nicht mehr fern; links winkte Cleve mit Schwanenturm und dem Schlosse, rechts Hohen-Elten mit seiner alten Abtei „dem vaterländischen Strome den Abschiedsgruß zum Ausgang in Hollands Niederungen". Ganz überraschend hübsch steigt hier der Eltener Berg aus der rechten Uferebene empor, scharf zeichneten sich die Umrisse des Kirchleins auf seinem Gipfel am dunkel gewölkten Abendhimmel. Halbwegs zwischen den Grenzpfählen auf dem rechten und linken Ufer liegt die Tolkamer (nicht etwa Irren- sondern Zollhaus). Unsere Steuerabfertigung ging in sehr gemütlicher Weise von Statten. Auf hundert Schritte schon schrieen wir den oben auf der Landungsbrücke stehenden Beamten zu, ob wir anhalten müßten. Sie fragten, was wir steuerbares mit uns führten. „Drie boddel bier" — wurde geantwortet — „een punt kas en een punt ham (Schinken)"! „Na, dann verteert het met gesmakhyt" (spr. heit) — lautete es zurück, und unangefochten fuhren wir weiter.

In der Höhe von Keekerdom wurde ein günstiges Nachtlager, diesmal am Ufer, aber weit von Weg und Wohnungen, in stiller Bucht ausgewählt — das erste Quartier auf holländischem Boden. Schon am Nachmittag waren einige Wolken am westlichen Horizont heraufgestiegen. Wir waren kaum gelandet, da fing es schon an zu

Neuntes Kapitel.

Regen-Biwak.

tröpfeln. Jeden Augenblick war ein Regenguß zu erwarten. „Nun wird der Wasserfanatismus wohl endlich mal gründlich abgekühlt werden" — denkt vielleicht mancher schadenfreundliche Leser, der solche Robinsonfreuden absolut nicht nachfühlen kann. Nur gemach! — wir sind auf alles vorbereitet. In Zeit von fünf Minuten befinden wir uns unter Dach und Fach, wie das Bildchen veranschaulicht. — Prost! Herr Leser! Wir schlafen so trocken wie du!

Zehntes Kapitel.

Unser Ziel Antwerpen im Auge behaltend, bogen wir am Dienstag früh in die Waal ein, obgleich uns der weitere Weg durch den Leck das schöne Arnheim und die Fahrt an den Bergen entlang bis Wageningen gebracht hätte.

Die ersten zwei Meilen auf der Waal waren wirklich mal recht langweilig, der Leck — den ich auf einer späteren Wasserreise auch kennen lernte — ist landschaftlich viel schöner. Träge wälzt sich die breite Wassermasse, Schilf- und Weidengebüsch verschleiert den Blick über die Ufer. Einige Abwechslung bot die Begegnung mit einem holländischen Fischerboot, von dessen gemütlichen Insassen wir Feuer und Auskunft über die Stromverhältnisse empfingen. Wir sahen auf dieser Strecke auch zum ersten Mal seit der Mosel das Treideln eines Bootes; auf dem ganzen Rheine ist den Pferden diese mühselige Arbeit durch die Dampfschlepper abgenommen, und auch in Holland sind auf den Kanälen die eigentümlichen Treckschuyten (spr. Treck=s=cheuten) fast überall von kleinen Dampfschiffen verdrängt worden.

An der dritten Biegung endlich beleben das müde Auge die grünen Berge der Wasserscheide zwischen Maas und Rhein, die bei Nymwegen wieder bis an den Strom herantreten, und bald darauf taucht vor uns auf die stattliche uralte Veste, Caesars castellum Noviomagum, amphitheatralisch aus dem Wasserspiegel emporsteigend. Nicht allzulange durften wir uns verweilen; drum beeilten wir uns, auf das „Belvedere" hinaufzugelangen, von dem man den weitesten Rundblick genießt. Wahrlich, diese Aussicht stellt sich der vom Schwanenturm ebenbürtig zur Seite. Hier erhebt sich auf dem lieblichen Bilde

70 II. Zweite Fahrt von Düsseldorf nach Antwerpen.

Höflichkeit auf dem Wasser.

der Natur das weniger friedlich gestimmte Relief der Geschichte. Dort unten aus den Fenstern des alten stadhuis erhenkten 1704 die gegen die Stadthalterschaft empörten Demokraten fünf Ratsherrn, nachdem sie zuvor den Altbürgermeister Ronkens, einen hochverdienten Arzt, enthauptet. In demselben Rathause zwang Louis XIV. den Staaten von Holland den schimpflichsten Frieden „Nimm weg!" auf. Schon in jener Augustnacht des Jahres 1678 standen vorne an dem Gebäude, macht- und willenlos wie ihr damaliger lebender Nachfolger, die steinernen Bilder der alten römisch-deutschen Könige und Kaiser, welche der Stadt wohlgewollt und in ihr Hof gehalten hatten. Damals stand auch noch der alte fränkische Reichspalast, der Balkenhof, in dem Karl der Große zu Gericht gesessen, den nachmals französisches Geschütz zerstörte. Nur wenige Trümmer sind jetzt noch zu erkennen. Drüben

Abschied von der „Adder".

Zehntes Kapitel.

Treideln.

im Waalfluß aber ertrank Schenk von Nydeck, der Erbauer jener Schanze, er selbst ein Bollwerk des Luthertums, bei einem verfehlten Handstreich auf die Festung, welche die Spanier besetzt hielten. Seinen Leichnam vierteilte die Besatzung und hängte ihn an den Stadttoren auf. Weiter schweift der Blick über die fruchtbare Betuve, über das breite Bett der Maas, des Leck und der Yssel, am nördlichen Horizont erscheint Arnheim, östlich Cleve und Hohen-Elten.

Doch Nymegen (spr. Nei...) liegt noch zu nahe für das heutige Reiseziel, wir müssen weiter nach Holland hinein! Die Waalufer werden belebter. Freundlich seine boompjes und reinlichen Häuser am Ufer präsentierend winkt uns nach fünf Meilen Ruderns nachmittags 3 Uhr Tiel zur wohlverdienten Mittagspause. Wir finden vorzügliche Aufnahme im „gouden leeuw" (spr. gauden = goldener Löwe). Nach dem Essen ein Spaziergang um die Stadt; zwei alte Geschütze an den boompjes mahnen an die kriegerische Vergangenheit des Städtchens.

Gegen Abend fuhren wir noch zwei Meilen weiter. In der Nähe der Utrecht-Hertogenboscher Eisenbahnbrücke überraschte uns ein starker Sturm mit Gewitter. Ohnehin wohl schon berechtigt, Feierabend zu machen, beschlossen wir des gräulichen Unwetters halber in dem nahen Zalt-Boemelt (spr. Bumel) zu übernachten. Der Strom peischte wild erregt gegen das Ufer. Das Anlegen war schwierig. Wir getrauten uns auch nicht, die Boote auf dem frequentierten Ufer liegen zu lassen, sondern dungen zwei Eingeborene und trugen sie je zwei und zwei zur Stadt. Das gab kein geringes Aufsehen, als wir mit unseren Schneckenhäusern in „de Klock" anlangten. Dieselben wurden in den Hausflur gestellt. In der Gaststube wimmelte es von Zalt-Bummlern, die uns neugierig angafften. Wir aber zur Zungengymnastik in hollandscher zamensprak (Unterhaltung) wenig aufgelegt, verfügten uns nach der Abendmahlzeit bald zur Ruhe. Wir hatten zehn deutsche Meilen heute zurückgelegt und zwar nicht wie im Rheine von starker Strömung unterstützt.

Am Mittwoch früh bestiegen wir den Kirchturm von Zalt-Boemel. Er ist einer der schönsten und höchsten des Landes. Wie eine Riesenkarte lag die flache Landschaft unter uns. Ueber die weiten Wasserflächen hinweg glaubten wir als dunkelblauen Streifen das offene Meer zu erkennen; ein frischer Seewind blies uns ins Gesicht. Begierig atmeten wir ihn ein, — wahrhaftig der schmeckt schon salzig! Nun

Ankunft in „de Klock".

74 II. Zweite Fahrt von Düsseldorf nach Antwerpen.

hinaus aus den engen Flußufern in weite kühle Meeresarme, die sich dort auftun, uns zu umfangen. Rasch den Turm hinunter zum Wasser mit den braven Booten und vorwärts die Brust dem Winde entgegen!

Bis Schloß Loewenstein — dem Gefängnis des berühmten Hugo Grotius, aus dem er mit Hilfe seiner klugen Frau in einer Bücherkiste entwich, ging die Fahrt noch bequem. Hier treffen sich Maaß und Waal; doch es ist eigentümlich, wie sehr sich beide wehren, in einander überzufließen. Der geographische Name des vereinten Flusses heißt Merve oder Mervede; doch nennen ihn die Maasschiffer noch eine Weile

Schloß Loewenstein.

Maas und die Waalschiffer Waal. Und den Partikularismus der Menschen scheinen die Wasser zu teilen. Bis auf ungefähr tausend Schritt vom Zusammenfluß an gerechnet, ist die Grenzlinie durch scharfe Farbentrennung bezeichnet; wir fuhren hintereinander her, rechts das Ruder in die Smaragdfluten der Waal, links in die dunkelbraunen der Maas tauchend. Die letztere ist dabei ganz klar, schönem Topase gleichend. Diese Färbung muß von den riesigen Torfebenen, de Peel genannt, herrühren, welche der Fluß durchströmt. In der Höhe von Gorkum (holländisch Gornichem) geht das förderative Verhältnis allmählich in den Einheitsfluß über, das Wasser wird schwarzblau. Die Wellen nehmen zu, das Rudern wurde sehr schwer. Während einer

Zehntes Kapitel.

kurzen Ruhepause am Lande belehrte uns ein Schiffer, wir kämpften gegen die heraufsteigende Meeresflut. Das hatten wir nicht gedacht, — wir waren ja noch 70 Kilometer von der eigentlichen Küste entfernt. Doch das täglich zweimalige Steigen und Fallen des Meeres beeinflußt die Schiffahrt in diesen Küstengewässern schon außerordentlich. Wie wir an unsern Armen die Erfahrung machten, wirkt die Flut in der Mitte ihres sechsstündigen Steigens fast so stark wie die Strömung des Rheines bei Wesel etwa. Man muß deshalb in dem vielgewundenen Delta von Waal, Maas und Schelde sich im Voraus über die von Tag zu Tag wechselnde Zeit und Richtung der Flut orientieren und darnach die Fahrt einrichten. Diese Zeit erfährt man von Schiffern oder bei Stationen der Dampfboote, welch letztere auch An= und Abfahrtszeiten hiernach täglich ändern.

Es war eine böse Strecke, die nächste Meile von Gorkum aus. Wir waren in Zukunft klüger und vermieden diesen Kampf. Endlich konnten wir südwestlich abbiegen in den Biesbosch hinein. Der Wind wehte mehr seitlich, die Flut nahm ab.

Gornichem.

Welch' merkwürdige Gegend, dieser über 100 ☐Kilometer sich ausdehnende „Binsenbusch" (biesbosch). Der Holländer nennt es kaltblütig „verdronken land". Vor 500 Jahren prangte hier eine

volkreiche glückliche Landschaft. Es war am Vorabend der Elisabeth=
nacht (18. November) des Jahres 1421. Alles hat sich zur gewohnten
Ruhe begeben. In den Wohnungen sind die letzten Lichter verloschen,
ahnungslos in tiefem Schlummer liegen Menschen, Tiere, Wiesen,
Wald und Feld. Da bricht es herein das grausige Verderben; von
Westen heran brauste der Orkan, mit sich führend das Ungeheuer die
Springflut; durchbrochen, überflutet, weggerissen wurden die mächtigen
Dämme, wie Sandhaufen von Kindeshand aufgeführt. Der Ozean
verschlingt das Land. 100 000 Menschen, 72 Ortschaften werden be=
graben in seinen Tiefen. Still und öde, wie eine Stätte des Gerichts
liegt jetzt die Gegend. Dort links ragt einsam aus den Wassern ein
alter Turm, das ehemalige „Haus Merwede", als einziges Denkmal
hinabgesunkenen Lebens. Klagend rauscht der Westwind durch die
Wipfel der Buchen, die sich Schutz, Gesellschaft suchend an die alten

Mauern gedrängt haben. Weithin ist sonst nichts Menschliches zu er=
blicken. Und doch — der betriebsame Holländer weiß auch von diesen
schwimmenden Inseln Tribut zu erzwingen; dort treibt ein riesiger
Heuschober uns entgegen. Ein Bewohner jenes in der Richtung auf
Gorkum sichtbaren Dorfes fährt das gewonnene Viehfutter in seinem
Kahne heim. Er hat auch Schilfrohre zur Ausbesserung seines Daches
mitgebracht und Binsen, aus denen Weib und Kinder Matten flechten
werden an langen Winterabenden. —

        Und aber nach fünfhundert Jahren
           Möcht ich desselbigen Weges fahren —
wie Chider, der ewig junge!

Viel Zeit war verloren gegangen im Kampfe mit der Flut —
schon brach die Dämmerung herein, — und wir hatten uns verleiten
lassen, aus der breiten künstlich angelegten Wasserstraße, die durch den
Biesbosch hindurch führt, in das Labyrint der Inseln und Werder

Zehntes Kapitel.

Haus Merwede im „verdronken Land".

hineinzurudern. Einige Besorgnis betreffs der einzuschlagenden Richtung macht sich fühlbar — da erscheint am westlichen Horizont ein langer Streifen, erst matt gezeichnet, dann immer deutlicher, darunter eine leicht geschwungene Bogenreihe, dann kurze Fortsätze nach unten, das ganze wie eine fata morgana hoch in der Luft schwebend, wie eine Riesenarabeske auf die purpurne Wand des Abendhimmels gedruckt der Prachtbau der Dortrechter Eisenbahnbrücke liegt vor uns. Das sichtbare Ziel belebt die Muskeln, kräftiger greift das Ruder aus. Jetzt bleiben die letzten Schilfinseln rechts und links zurück, schwer erkennbar sind schon die Ufer, wir fahren mitten auf dem hier gut eine halbe Meile breiten „Hollandsch-Diep". Die nunmehr mit uns gehende Ebbe beflügelt unsre Kiele; von geheimnisvoller unterseeischer Kraft gefördert schießen sie durch die Wellen, welche der Wind uns entgegen treibt. Jetzt können wir schon die dreizehn Pfeiler der Brücke zählen, ein Zug, winzig wie ein Kinderspielzeug, rollt herüber; wir hören das Grollen der Meeresströmung, welche die Beine des Cyklopen umpeitscht. Wohl vierzig Fuß über uns spannen sich die gigantischen Bogen.

Ich gedachte pfeilschnell darunter hindurch zu fahren, doch ein gewaltiger Strudel — erzeugt durch die Brandung der rücklaufenden

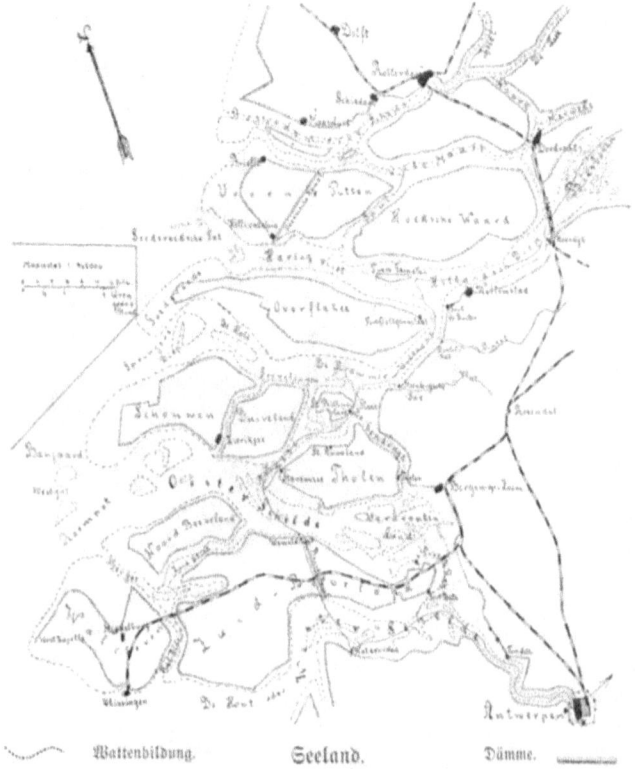

Wattenbildung.   Seeland.   Dämme.

Flut — dreht den Vorderſteven des Bootes nach links mit ſo ſcharfem Ruck, daß Bartolo, in philoſophiſche Betrachtungen über die Kühnheit der menſchlichen Bauten verſunken, zentrifugaliter ins Hollandſch=Diep ſauſt und ein ganz furchtbar komiſches Geſicht macht, als er zum erſten Male das Salzwaſſer ſchmeckt. Doch gewaltig wie der Löwe im See= ländiſchen Wappen (Seite 96) mit dem er überhaupt eine auffallende Aehnlichkeit hat, ringt er ſich aus den Fluten empor und zum Boote heran. Nur war es ein kritiſcher Moment, in dem wir uns beide befanden, als ich Bartolo auf ſeinen Sitz zurückverhelfen und zugleich vermeiden mußte, gegen den Brückenpfeiler geſchleudert zu werden.

Die Brücke über dieſen Meeresarm iſt wirklich einer der groß= artigſten Beweiſe menſchlichen Unternehmungsgeiſtes und Tatvermögens. Von der Erhabenheit des Werkes erhält man natürlich noch einen viel beſſeren Eindruck vom winzigen Nachen aus als vom Coupee= fenſter. Drei und ein halbes Jahr dauerte die Herſtellung. Die 14 Bogen haben je 100 Meter Spannung und liegen 15 Fuß über dem höchſten Waſſerſtande der Flut. Zwei Drehjoche dienen zum Durch= laſſen größerer Schiffe.

Dicht hinter der Brücke wendeten wir links in den Moerdyker (ſpr. Muhrdeiker) Hafen. Eine große Menſchenmenge ſtand oben auf dem fünfzehn Fuß über den Waſſerſtand erhöhten Quai, uns zu empfangen und immer mehr liefen herzu, es herrſchte eine für Holländer faſt geſundheitsſchädliche Aufregung, ſchließlich war wohl der ganze Ort auf den Beinen. Jeder bemühte ſich, uns behilflich zu ſein. „Dat zyn engliſch" — ſo lautete auch hier wieder das Urteil — alles wird bewundert, der „moi dusch" (hübſcher Pudel) erregte nicht geringes Aufſehen und wurde unter freudiger Teilnahme ſorg= ſamlich die ſenkrecht an der Steinwand emporführenden Stufen — dem einzigen Zugang nach oben — hinaufgetragen. Die „kleine boot= jers" wurden auf einen größeren unbenutzten Kahn gelegt, ſodann ſtiegen wir ſelbſt aus der Tiefe empor und ſchritten würdevoll durch die Menge, die reſpektvoll zurückwich. Ein Dutzend jugendlicher Moerdyker wetteiferte, unſer Gepäck zu tragen, ein anderes Dutzend, uns zum beſten logement (ſpr. loſement) zu geleiten. Wir erhielten eene fraaje kamer op de erſte verdieping (hübſches Zimmer im erſten Stock), auch avondeten und ontbyten (Frühſtück) waren vorzüglich, wie Alles in Holland, was des Leibes Nahrung und Not= durſt betrifft.

80 II. Zweite Fahrt von Düsseldorf nach Antwerpen.

Im Holland-Diep.

Zehntes Kapitel.

Ankunft in Moerdyk.

Der nachsichtige Leser verachte uns nicht zu sehr, daß wir auch hier wieder weichlich genug waren, zur Nacht in Gasthofsbetten zu kriechen. Aber es ist unmöglich, an den Ufern dieser Gewässer einen erträglichen Lagerplatz ausfindig zu machen. Ebbe und Flut, mit ihrem 30—40 Fuß unterschiedlichem Wasserstande unterwerfen die Küsten einem dauernden Wechsel. Wir hätten entweder die Boote große Strecken tragen oder uns Anlege= oder Abfahrtszeiten von der Meeresbewegung vorschreiben lassen müssen, außerdem dabei riskiert, im Schlaf von der Flut überrascht zu werden.

Der Leser wird aus obigem Kärtchen ein ungefähres Bild er= halten von dem Verhältnisse des Wassers zum Lande in dieser Gegend.

Elftes Kapitel.

Am Donnerstag Morgen fünf Uhr blies uns wieder der Seewind steif ins Gesicht; hellleuchtend war die Sonne aufgegangen. Ein prächtiges Frühbad vertrieb den letzten Rest gestriger Ermüdung und nun ging es „full speed". Wir waren wohlweislich früh aus den Federn geschlüpft und fuhren dafür nun wieder mit der Ebbe das Holländsch-Diep herunter. Hei — wie stößt die Spitze meines Nachens hindurch durch die Welle, Bartolo, halb unter Wasser gesetzt, flüchtet über meine Schultern hinweg auf das Hinterdeck; jetzt fahre ich hoch hinauf auf den Wellenkamm, das Fahrzeug schwebt zur Hälfte in der Luft, klatschend schlägt es herunter, jetzt kommt eine Welle halbrechts von vorn, überklettert den Bootrand und schlägt mir grob ins Gesicht, das Salzwasser spritzt mir um die Ohren und rieselt vom Hut, an Armen und Brust herab. Wind und Sonne beeilen sich, es abzutrocknen —

— „mit vermorschten Brettern gebt mir —
„Nur ein schwaches, schwankes Boot
„Dessen Fahrt von Sturmeswettern —
„Tausendfältig ist bedroht!
„Durch die Wogen will ich springen —
„Unverzagt und ohne Leid
„Mit dem Meere mannhaft ringen —
„Und mit der Unendlichkeit! (Lermontoff.)

Welche Wollust liegt in solchen Augenblicken! Wie bedauernswert der Salonmensch, dessen parkettierte Brust ein ähnliches Gefühl nie durchschauerte, dessen vertrocknetes Bürohirn unfähig geworden, in

solcher Naturfreude zu erzittern; dem wünsche ich ein paar dieser Salz=
wellen, welche zugleich mit dem zierlichen Modekleid die Weltanschauung
ihm durchtränkten, dem ein paar solcher Windstöße, die mit der Brille
von der Nase die Blende der Vorurteile ihm vom geistigen Auge
reißen! —

So ging es zwei Stunden lang über die wogende Fläche dahin.
Eigentümlich ist dabei die Glätte des Wassers am Horizont. Dieselbe
Wellenbewegung, die unsere Nachen unsanft umherwirft, in der Nähe
wild zerrissene Formen erzeugt, scheint sich weiterhin abzuglätten und
bietet in der Ferne einen klaren Spiegel, in dem Bäume, Häuser,
Segel und Maste wiederscheinen. Wie ähnlich ist's doch im Menschen=
dasein! Kleinliche Sorgen und Mühen, die alltäglichsten Begebenheiten,
das nagende Urteil des liebenden Nächsten erhalten den beschränkten
Geist in dauernder Schwankung und Unruhe. Und kaum in der Ent=
fernung eines Jahres sind alle die Eindrücke vergessen; bedeutungs=
und wirkungslos verschwinden sie, um immer neuen Platz zu machen,
und ebnen sich zu der Vergangenheit und Vergessenheit glattem Spiegel.
Darum o Mensch, „ärgere dich nicht"! über diese und spare die Kraft
deines Geistes für die großen Stürme im Meere des Lebens!

In der Nähe von Willemstadt lagen zwei holländische Kriegs=
schiffe vor Anker. Wir ruderten an eins heran, unsere Namenskarten
verschafften uns auch ohne „visitenmäßige" Kleidung nicht nur die Er=
laubnis an Bord zu kommen, sondern auch eine überaus freundliche
Aufnahme von Seiten der Offiziere. Selbst auf diese Nachkommen
de Ruyter's und de Tromp's machte unsere Fahrt einigen Eindruck.
Es waren feingebildete Leute; fast alle sprachen ein gutes fließendes
Deutsch oder Englisch, die meisten hatten den Feldzug in Atschin mit=
gemacht. Auch lebten die Seehelden recht gut, wie wir beim Früh=
stück wahrnahmen. Hollands und Deutschlands Wohlergehen, sowie
beider gutes Einvernehmen, das Gedeihen der „Adder", des wackeren
Schiffs, die Gesundheit des Offizierkorps und seiner Gäste — all dies
erforderte eine stattliche Anzahl von Gläsern.

Der Kommandant empfing uns noch besonders in seiner Kajüte
mit liebenswürdiger Zuvorkommenheit; das ganze Schiff wurde uns
gezeigt. Die Adder ist einer der doppelgepanzerten Monitors mit sehr
wenig Tiefgang, eigens für Hollands Binnengewässer erbaut und aus=
gerüstet mit einem aus drehbarem Panzerturm feuernden 21=Centimeter=

Armstrong-Geschütz. — Monitors haben keine Tagelage, sondern nur einen Signalmast.

Auf Anerbieten des Kommandanten fuhren wir auf dem 12 Uhr mittags nach Rotterdam abdampfenden Schiffe eine Strecke in das Haringvliet herein, ließen uns jedoch in der Höhe der Tien-Gemeten-Insel aussetzen.

„Oranje boven!"

so erklang es von der Adder und

„Deutschland, Deutschland über Alles!"

schallte es zurück. — Mit dem Gefühl, unauflösliche Bande der Freundschaft zwischen Deutschland und dem Nachbarstaat angeknüpft zu haben, ruderten wir langsam in südlicher Richtung weiter, als befreundetes Geschwader unbelästigt von den Kanonen der Forts Ruyter und Voltgensplaat, die feindlichen Flotten die Einfahrt in das Volkerak verwehren.*)

Die Sonne stand hoch im Mittag und brannte trotz des immer noch frischen Windes recht erheblich; der vorzügliche Bordeaux aus der Meß der Adder drückte bleischwer auf die Arme, ad musculos wurde uns demonstriert, wie Völlerei und Schlemmerei Energie und Tatkraft zu lähmen im Stande sind. Ein Segler, mit Kornsäcken (!) beladen, steuerte hinter uns her, von Norden kommend und — o Schande! — kaum wagten wir uns dabei ins Gesicht zu sehen — einer nach dem andern ergriff das Seil, das uns der Schiffer darbot — wir ließen uns schleppen, zum ersten Male seit Biebrich!

Und dabei ging es eigentlich ganz schön. Wir streckten uns lang hin, sahen in die Wolken und „träumten als Kind uns zurücke" in die Zeit, wo wir unsere Kinderwagen hinter die Erntewagen spannten. Eine „Havanna", Erinnerung an die „Adder", vervollständigte den Reiz dieser Siesta auf dem „Volkerak".

Der Schlaffheit zum Aerger, aber der Ruderseele zum Heile drehte unser Schlepper schon in der Höhe von Dintel-Saas links. Dort konnten wir doch nicht unser heutiges Tagewerk beschließen. Drum mit einem kräftigen Ruck los den Faulheitsstrick! Einen moralischen Spornstich in die Rippen und links — rechts, links — rechts im Takte ging es weiter.

Nach einer Stunde in der Höhe der Steenberg'schen Saas wendeten wir halb rechts in den „Krammer". Da blies aber der Nordwest kräftig direkt aus dem Meere herüber, sein Widerstand gegen

---

*) Die „Adder" ist nicht mehr. Noch kein Jahr war nach unserm Besuche verstrichen, da haben sie die Wogen der Nordsee mit samt ihrer Mannschaft begraben. Sie ging unter auf einer Küstenfahrt bei Nordholland. Möge ihr die Handzeichnung unseres großen Meisters zum Denkmal werden so in ihrer Heimat wie in unserm Lande!

die nunmehr zurückrollenden Fluten, — nota bene: wir hatten die Flut auf dem Kriegsschiffe überdauert — türmte Wellen auf, die augenblicksweise das ganze vordere Fahrzeug und den Mittelteil überströmten; doch hatten wir nun schon gelernt, dem Streit mit so tölpischen Gesellen aus dem Wege zu gehen; sie konnten uns doch nicht aufhalten. Ein vorsichtiges Lenken mit dem Ruder bei geringer Kraftanstrengung führte elegant über sie hinweg, bewahrte vor heftigem Zusammenprall und dabei förderte uns die Ebbe mit ziemlicher Geschwindigkeit.

Doch waren wir froh, als wir am Ende der sog. Slaak angelangt, linksum in den Ruhe verheißenden schmalen Verbindungsarm der Maas= und Scheldegewässer „de Eendragt" (Eintracht) genannt, einbogen, und uns nun auf einmal in stillem Wasser befanden. Wir gedachten auf diesem noch heute bis zum Ort Tholen zu fahren; die Karte zeigte einen durchgehenden blauen Streifen, der Schiffer hatte uns vorhin auch versichert, — „up de Eendragt hebbt gij (spr. chei) een moi farwater" — (gutes Fahrwasser). Also frisch weiter mit dem Winde. Da — nach kaum 500 Schritten war auf einmal das moi farwater zu Ende; wohl sechs Fuß hohes Land lag quer vor uns; man konnte sich gar nicht denken, daß hier überhaupt ein farwater weiter ging. Ein Schiffer, der wie wir mit seinem Boot auf dem Trocknen saß — belehrte uns indessen, daß mit der Flut in vier Stunden die Eendragt wieder offen sein würde.

Es war fünf Uhr. Wir hoben mit Erlaubnis des Besitzers die Nachen in einen größeren, auf längere Zeit auf der Ausfahrt in den Krammer postierten Kahn, hängten die Handtaschen um und wanderten den hohen mit stattlichen Pappelbäumen bepflanzten Damm entlang nach St. Philippsland. Links breitete sich eine öde braune Fläche, die Slaak, fetter Lehmboden, wohl zwei Meilen im Umfang, rechts ein großer blühender Garten, das St. Philippsland, welches einst der Slaak gleich die eine Hälfte des Tages Meer, die andere Hälfte Land war und wie der größte Teil der Provinz Seeland in tausendjährigem Kampfe, dem Element abgerungen wurde. Wahrlich mit gerechtem Stolz rühmt sich der Niederländer: „God heeft de zee, wy hebben de kosten (Küsten) geschapen."

Für die Wasserbauten werden in Holland jährlich an 10 Millionen Gulden ausgegeben. Eigens dazu angestellte Ingenieure, de Waterstaat, überwachen die Deiche und Kanäle. Erstere spielen in

Südholland, besonders Seeland, letztere in Nordholland die Haupt=
rolle. Die größten Kanäle sind an hundert Fuß breit und bis zu
dreißig Fuß tief. Dabei liegt häufig der Wasserspiegel, ja das ganze
Bett des Kanals höher als die Landschaft, welche man auf ihm fahrend

Holländischer Kanal.

weithin überblicken kann. Sehr geschickt bekämpfen die Holländer das
eine Element mit dem andern. Ihre zahllosen Windmühlen haben
neben andern Verrichtungen, wie Korn mahlen, Holz sägen, Oel schlagen,
den Hauptdienst, die Wassermassen, dort wo sie das Land bedrängen,
fortzuschaffen und sie für den Verkehr nutzbar zu machen, sie in die
Kanäle zu leiten und dort zu regulieren. Allerdings nimmt man auch
hier schon mehr und mehr die Kraft des Dampfes statt der des Windes
zu Hilfe. —

Wir hatten geglaubt, auf dem einsamen von der Welt abge=
schnittenen Philippsland recht dürftige Quartierverhältnisse anzutreffen.
Und wie waren wir angenehm enttäuscht!

Da liegt das Dorf; kaum 300 Menschen sind es, die hier an
der „Eintracht" das glücklichste Dasein führen. Doch ein sprechenderes
Bild von Ordnung und Wohlstand habe ich in meinem Leben nicht
gesehen. Vom Damm hinunter gelangen wir auf eine schnurgerade
Straße mit einem Würfelpflaster, auf das jede Großstadt stolz sein

„Geschleppt."

könnte. Zu beiden Seiten führen noch Bürgersteige von gebrannten Ziegelsteinen, zwischen ihnen und der Fahrstraße eine doppelte Lindenreihe. Die Häuser, eines fast wie das andere, mit saubergefugten Backsteinwänden und grünen Fensterläden strahlen förmlich von Reinlichkeit. Man weist uns in het logement de „trouwe" (spr. trauwe = Traube). Die schmucke Wirtin steht auf der Schwelle, ein breites Stirnband von Gold hält das Haar zusammen, ein schneeweißer flügelartiger Schleier fällt über den Nacken herab, weiße Schürze, blanke Augen, frische Wangen, lächelnder Mund — ein Sinnbild der Sauberkeit, Ordnung und Zufriedenheit! Die Frau muß sich stets so halten, sie hatte uns nicht erwarten können! Und wir dagegen im durchnäßten Ruderkleide! Erst nachdem wir sie gefragt, ob sie uns trotz dieses Aeußeren für anständige Leute hielte und eine schmeichelhafte Antwort erhalten hatten, bestellten wir das avondeten. Es schmeckte prächtig. Lange saßen wir bei kräftigem oud-(alt)bier und lustiger, wenn auch nicht sehr fließender Unterhaltung mit unsrem Wirte um das Herdfeuer, ehe wir in die hohen Bettladen hineinturnten. —

Zwölftes Kapitel.

Erster Blick am anderen Morgen nach dem Wetter. Gott sei Dank, noch immer schön! Mit Schrubbern, Besen und riesigen Spritzen bewaffnet waren draußen die dienstmeisjes beschäftigt, Straße, Dächer, Wände, ja Bäume — wie es schien den ganzen Ort abzuschwemmen; man konnte glauben, die Dämme seien durchgebrochen, — so stand das Wasser in den Straßen. Und es war Freitag früh! Wie mag nun erst am Samstag Abend hier „reingemacht" werden! —

Nach herzlichem Abschied wanderten wir nach den Booten zurück. Kaum war die Gegend wieder zu erkennen; was gestern Land, war heute Meer, der Krammer hatte die doppelte Breite bekommen. Hier ist die Gegend, „wo die Frösche in der Luft und die Hühner unter dem Waßer wohnen". Mehrere Fuß lag das ganze St. Philippsland unter dem Spiegel der gewaltigen Wassermassen, sorglos, vertrauend auf seinen gewaltigen Dyk (spr. Deik).

Der Eendragt auf die Länge nicht trauend, beschlossen wir südlich um St. Philippsland herum in die Keete zu fahren. In der Eendragt war leichtes Rudern, doch noch immer stieg die Flut. Durch eine breite Wasserfläche getrennt lagen Philippsland und Tholen; die Flut wirkte uns entgegen, wir ruderten mit frischen Kräften und legten doch innerhalb zwei Stunden kaum fünf Kilometer zurück. Jetzt begann die Ebbe, ungefähr um die Zeit, als wir links wendeten und — o Tücke Neptuns — war uns jetzt ebenso feindselig, als vorher die Flut. Doch berechneten wir, daß von der Mitte der Keete an wir bei einer mehr westlichen Richtung mit der dann zur Ooster-Schelde zurücklaufenden Strömung fahren würden. Und so war es auch; in der Höhe von St. Annaland wenden wir möglichst scharf rechts, der Widerstand hört allmählich auf und verwandelt sich in Hilfe, je mehr wir uns der Ooster-Schelde nähern, bald fahren wir mit vollem Strom auf Stavenisse zu.

Wir hatten gewaltig arbeiten müssen, eine Erholungspause war wohl berechtigt. Wir ließen uns von der Meeresflut tragen. Rechts erscheint ein gewaltiger viereckiger Turm, es ist die Münsterkirche von Zierikzee, schon auf der Insel Schouven gelegen, deren Westspitze in die offene Nordsee hineinragt! „Hier ist die Stelle, — so las mir der Gefährte mit Pathos aus dem Bädeker vor —, wo vor 300 Jahren 1800 spanische Freiwillige unter Herzog Alba's Nachfolger Requesenz die Keete eine Stunde weit durchwateten oder auf tragbaren Brücken und leichten Nachen übersetzten, unter dem lebhaften Feuer der Niederländer, welche sie in kleinen Booten umschwärmten. Das Wasser ging den tapferen Angreifern oft bis an die Schultern, die holländischen Matrosen zogen einzelne mit langen Haken nach den Schiffen und schlugen ihnen dort den Schädel ein. Dennoch gelang der Uebergang, und die Einnahme von Zierikzee nach einjähriger Belagerung war der Lohn des tollkühnen Angriffs." —

Unweit von Stavenisse gewahrten wir auf einer noch entfernten Sandbank eine Anzahl schwarzer Punkte; was kann das sein? Wir kommen näher und unterscheiden längliche wurstartige Formen, hinten spitzer wie vorne scheinbar, wahrhaftig — das sind Seehunde! wohl zwanzig an der Zahl halten sie ihre Siesta in der Mittagssonne. Sie beachten uns gar nicht, jetzt sind wir nur noch fünfzig Ruderschläge entfernt, da — einer hebt den Klumpkopf empor, mit ihm den halben Oberleib wegen absolut mangelnder Nackenfreiheit. Ihm folgen andere, noch herrscht einige Unschlüssigkeit in der Gesellschaft, es liegt sich dort gar zu schön. Doch unsere Boote schießen pfeilschnell heran, — jetzt — endlich — mit einem energischen Abstoß des Schwanzteils beginnt der leader sich dem Wasser zuzuwälzen, ihm nach alle übrigen und klatsch, klatsch, kaum 30 Schritte vor uns plumpen sie ins Wasser. Bartolo gerät in Extase, zornig bellend will er hinterdrein, ich halte ihn zurück, denn wer weiß, wie ihm die doch sehr entfernten Verwandten begegnet wären. Ernst greift nach dem Schlagring, er denkt an die Robbenkämpfe der Polarjäger. Doch augenscheinlich halten uns die Meerbewohner auch für Wassertiere und zwar unschädliche, denn furchtlos bald rechts, bald links auf wenige Bootslängen Entfernung tauchen ihre gutmütigen hundähnlichen Köpfe aus dem Wasser heraus, uns lange mit neugierigen Blicken verfolgend.

Die Seehunde scheinen im Hochsommer weit in die Mündungen dieser Flüsse heraufzugehen; auch in der Ooster-Schelde hatten wir ein ähnliches Schauspiel wie hier.

Seehunde.

Leider hatten wir keine Flinten bei uns. Welch schöne Jagd ließe sich hier machen! Dieselbe ist auf den Inseln, Sandbänken und Watten überall frei, und es wimmelte hier von großen Schwärmen verschiedenartigster Wasservögel. Die „Reiseboote" passen sehr gut zur Wasserjagd. Die bequeme, sichere Lage, in der sich der Körper befindet, die Lenkbarkeit und der geringe Tiefgang, der Platz auf dem Verdeck, hinreichend groß sogar für Mitführung eines Jagdhundes — dies sind Eigenschaften, die andere Boote zum Teil nicht haben.

Inzwischen hatte der Nordwest sich immer bemerklicher gemacht, je weiter wir in die Ooster-Schelde hineinfuhren. Hier herrschten wirklich Verhältnisse wie im offenen Meer. Die Wellen folgten regelmäßiger, in größeren Abständen, trotz ihrer bedeutenden Höhe war die Bewegung der Fahrzeuge sanft und bequem, das Rudern leicht. Kaum wurde das Verdeck genetzt. Mein Gefährte befand sich einige Bootslängen vor mir, oft verschwand er ganz im Tal, um gleich wieder hoch auf einem Wellenkamm schwebend zu erscheinen. Es kam nur darauf

Zwölftes Kapitel. 91

an, Untiefen zu vermeiden, wo die starke Brandung die Boote, falls sie auf den Sand auffuhren, ernstlich bedrohen konnte.

So sehnlichst wir nun auch gewünscht hatten, in die offene Nordsee hinauszugucken, so mußten wir uns dies bei dem heftigen Winde versagen. An der äußersten Spitze der Insel Tholen bildete die Ebbe durch die vorliegende Sandbank ein ganz stilles Fahrwasser. Da hinein lenkten wir die Nachen — nicht ohne Schwierigkeit die Brandung vermeidend. Erst fuhr es sich ganz schön, doch plötzlich wurde es flacher, noch ein paar Schläge, wir saßen fest; das war kein moi farwater! Doch das darf uns nicht aufhalten, wir müssen heute noch den Zuid-Bervelandschen Kanal passieren, es können der Karte nach auch nur noch wenige hundert Schritte bis zum offenen Wasser sein! Der Dampfschiffkurs geht ja hier dicht vorbei. Also Schuhe aus, Hosen hinauf, raus aus den Booten und zieh' Schimmel zieh'! Das ging, die Boote erleichtert, berührten den Boden nicht. Aber ein besonderes Vergnügen war es auch nicht; dazu hatte sich der Himmel bezogen, der Wind kältete uns durch; Schock Schwerenot! jetzt fängt es auch noch an zu regnen.

Das Wasser war einige Zoll tief, aber auf dem Grunde lagen scharfrandige Muscheln, wuchs Seegras, darin wimmelte es von Krabben und andern Meerungeheuern. Au! wart du Halunke! schreit Ernst und schlägt mit dem Ruder ins Wasser nach einem großen Seekrebs, der ihn in den kleinen Zehen gekniffen haben sollte, und nun höhnisch grinsend im possirlichen Traversgange im Seetang verschwindet. Ich lache aus vollem Halse, aber — Donnerwetter, da trete ich in ein Loch und liege der Länge nach in der Ooster-Schelde; jetzt war des liebenden Kollegen Freude nicht gering. —

Die Sandbank will kein Ende nehmen. Hier kommen wir nicht durch, wir müssen zurück nach Stavenisse und dort die fünf Stunden bis zur Flut abwarten. Also kehrt! Das Zurückkommen war auch nicht leicht, dabei hörte es auf, — sachte zu regnen. Triefend und bis auf die Knochen durchfroren langten wir in Stavenisse an; die Boote wurden am Dampfschiffhalteplatz untergebracht. Ein Dauerlauf nach dem zwei Kilometer entfernten logement und ein halbes Wasserglas echten Schidamer Genevers (berühmter Wachholder-Schnaps) stellte die verlorene Körperwärme bald wieder her. Derartiges kleines Ungemach auf Reisen trägt bekanntlich nur zur Erhöhung der Stimmung bei. Während das middageten bereitet

Zwölftes Kapitel. 93

wurde, saßen wir bei oud bier in ergötzlicher Unterhaltung mit ver=
schiedenen Eingeborenen, unter denen sich ein baumlanger renommie=
render Polizist besonders hervortat. Er war eigens für uns heran=
geholt, nicht etwa, weil wir Verdacht einflößten — im Gegenteil, wir
wurden mit großer Zuvorkommenheit behandelt — sondern weil Myn-

Kein moi jarwater!

heer kommissaris van de politie englisch sprechen können sollte.
Denn daß wir keine Englisch sondern Deutsch wären, das wollten
die Leute nicht glauben. Wir sahen ja ganz so aus, wie Master
Frick, der alljährlich zu gewissen Zeiten for shooting in seiner eigenen
yacht dorthin kam.

Die Preise waren hier übrigens durch Master Frick gründlich verdorben worden. Allein vor den hond stand ein Gulden auf der Rechnung vermerkt, worüber Bartolo stolzer als unser Geldbeutel zufrieden war.

Inzwischen war mit dem Regen der Wind abgefallen. Als wir gegen 6 Uhr Abends wieder in See stachen, war dieselbe bedeutend ruhiger. Es regnete fort, doch was schadete das. Von Erkältung kann bei scharfem Rudern nicht die Rede sein. Nach Umschiffung des Caps „zur traurigen Sandbank" hatten wir die Flutströmung im Rücken. Die Zuid-Bevelandsche Küste erschien uns als matter Streif am südlichen Horizont. Wir hielten möglichst nach rechts, um nicht über die Kanaleinfahrt hinausgetrieben zu werden, landeten schon gegen ein halb acht Uhr westlich Wemeldinge, fuhren dann bis zum Kanal, übergaben die Boote einem Schiffer und gingen zum Gasthof. Ermüdet wie wir waren, wären wir gern bald zu Bett gegangen, indessen konnte unsere alte Wirtin, eine Conterfei der Langsamkeit, durchaus nicht mit Herrichtnng der Schlafgemächer für uns unerwartet hohe Gäste fertig werden. Schon hatten wir Mühe, ihr begreiflich zu machen, daß Unsere Gnaden mit einem gemeinschaftlichen Zimmer vorlieb nehmen würden, doch wer beschreibt unser Erstaunen, als wir ungeduldig die Treppe hinaufgestiegen, die dicke Dame hoch oben auf einer Leiter thronend finden, um mit Hilfe einer ganzen Schar von netten kamermeisjes — einen „Himmel" über unsere längst fertigen Betten in Gestalt riesiger weißer Gardinen aufzubauen. Erst auf die Drohung, daß wir sofort unsere Nachttoilette beginnen würden, kletterte die Alte entsetzt herunter und verschwand, den halb vollendeten Himmel im Stich lassend, die junge Brut kichernd hinter ihr drein.

Dreizehntes Kapitel.

Zwei Wege standen uns am Sonnabend früh zu Gebote, um in die Wester-Schelde zu gelangen, für das Ziel Antwerpen beide ungefähr gleich weit. Die frühere Verbindung zwischen Maas- und Scheldewasser führt durch das „verdronken land" an der Nord- ostküste von Zuid-Beveland vorbei durch den Kreek-Rak. Dieser Arm ist jedoch durch den Damm der Rozendaal-Bliessinger Bahn „verlandet" worden. Ueber den Damm hätten wir zwar die Boote tragen können. Indessen konnten wir nicht erwarten, noch mit der Flut bis Fort Bath, also aus dem Kreek-Rak herauszukommen und da in letzterem Ver- hältnisse wie in der „Eendragt" herrschten, hätten wir mehrere Stunden in ganz unbewohnter Gegend festgelegen.

Darum wählten wir den Kanal, der mit dem Bau obiger Bahn als Ersatz für die unterbrochene Wasserverbindung 1866 hergestellt wurde. Gegen 7 Uhr abfahrend gelangten wir in anderthalb Stunden hindurch. Schleusen-Gebühren sowohl wie Schleusen-Aufenthalt ver- mieden wir, indem wir die Boote, eins nach dem andern an den langen Fangseilen diesseits heraushoben und jenseits wieder in den Kanal herabließen. Von der Ausfahrt fuhren wir dann gleich quer über die Wester-Schelde, nach Walsoorden herüber, wo wir bei langer Mittagspause die Flut abwarteten.

Vier Uhr nachmittags, noch vor dem niedrigsten Ebbestand, saßen wir wieder in den Booten. Unser Reiseplan drängte uns, die fünf Meilen bis zum Endziel unsrer Fahrt noch heute mit steigender Flut zurückzulegen. Diese Leistung durften wir unsern Muskeln schon zu- muten; die gleichmäßige Ruderbewegung war den Armen eine so natürlich leichte geworden, wie das Gehen den Beinen. Vorwärts also — hinauf bis unter die Mauern von Antwerpen, getragen vom Meere wie einst die Wassergeusen!

Ein feuchter Dunstschleier liegt über der wenig bewegten Wasserfläche. Dem „fliegenden Holländer" vergleichbar zieht vom Nebel umhüllt ein dreimastiger Segelkoloß geisterhaft an uns vorüber; ihn überholt nervös voran hastend ein kleiner Lokaldampfer, ein anderer riesiger Ostindienfahrer wird von einem Remorqueur flutauf geschleppt, es ist nicht erkenntlich, warum er nicht seinen eigenen Dampf verwendet. Je mehr wir uns dem Welthafen nähern, desto lebhafter wird der Verkehr, wir entdecken Schiffe verschiedenster Nationen; die meisten beeilen sich, wie wir, mit der Flut stromauf zu gelangen. Jetzt wenden wir scharf rechts, passieren die belgische Grenze und gelangen zugleich auf ein Gebiet, geweiht durch die heldenhaftesten Taten. Trägt schon die ganze Provinz Seeland den Charakter ihres schwimmenden Wappen-Löwen mit der Devise „luctor et emergo" aufgedrückt — mahnt der Anblick der gigantischen Bollwerke und der dagegen schäumenden Fluten an den Jahrtausende alten Kampf der Bewohner mit dem Meere — so ist dieser Teil des Scheldestroms besonders geeignet, das Bild an

Wappen von Seeland.

den gewaltigen Wiederstand der Niederländer gegen menschliche Unterdrückung vor die Seele zu führen. Fühlte sich doch einer unserer größten Dichter durch die Erinnerung an diese Taten zu ihrer begeisterten Schilderung hingerissen, um „das schöne Denkmal bürgerlicher „Stärke vor der Welt aufzustellen und in der Brust des Lesers ein „fröhliches Gefühl seiner selbst zu erwecken und ein neues unvergleich„liches Beispiel zu geben, was Menschen wagen dürfen für die gute „Sache und ausrichten mögen durch Vereinigung." (Schiller, Abfall der vereinigten Niederlande.)

Dort links das Fort Lillo, dessen Panzerturm jetzt im Verein mit dem gegenüberliegenden Fort Liefkenhoek den ehernen Toresschluß des Landes bildet, war vor fast 300 Jahren der Schauplatz heißesten Ringens zwischen Alexander von Parma und der niederländischen Besatzung, 2000 tote Spanier deckten das umliegende Feld nach drei-

Dreizehntes Kapitel.

A. Navis a Gandauosibus,quae oneras Antwerpiensium naues fugant. B. Scaldis aggere fossum per quam Gandauenses transmiserunt in campum ab hostibus inundatum. C. Segben

98 II. Zweite Fahrt von Düsseldorf nach Antwerpen.

Schlacht am Cowensteinischen Damm.

wöchentlich vergeblichem Ansturm. Von Lillo aus drei Meilen landeinwärts zog sich damals noch der mächtige Cowensteinsche Damm, den die Antwerpner zu durchstechen strebten, um den Fluten der Ooster=Schelde und damit der Seeländischen Proviantflotte Zugang zu verschaffen. Alexander vereitelte diesen letzten Rettungsversuch in der denkwürdigen Schlacht auf dem genannten Damm, wo 1000 Spanier und 3000 Niederländer fielen. Wie es uns gegangen — so wurden damals die Seeländischen Schiffe von der Ebbe übereilt, saßen fest auf dem Strande und wurden mitsamt der Bemannung von den feindlichen Kanonen in den Grund gebohrt.

Hier weiter oben am Fort Calloo stand die berühmte Brücke Alexanders, die den Belagerten alle Zufuhr abschnitt. Dort um die Ecke herum, trieben in schwärzester Nacht die schwimmenden Höllenmaschinen Giambelli's, des Archimedes von Antwerpen, heran — ein Knall, als stürzte das Gewölbe des Himmels ein — bis auf

Dreizehntes Kapitel.

den Grund spaltete sich die Flut und hob sich turmhoch über die Dämme — 800 Spanier flogen mit der Brücke in die Luft.

Die beiden aus dem „Merian" entnommenen alten Kupferstiche geben ein höchst charakteristisches Bild der Kämpfe um Antwerpen. Dem Leser bleibt es überlassen, die Einzelheiten darauf zu entziffern.

Am dunkeln Abendhimmel ragend erscheint jetzt vor uns der schlanke Turm der berühmten Kathedrale und nun beim Fort Oosterweel biegen wir rechts — da liegt sie vor uns die majestätische Stadt in weitem Bogen „aent Werf" (aus Werft) um den väterlich sorgenden Fluß gestreckt, „der zweimal täglich sie ehrt mit rücklaufender Flut", wie der alte lateinische Vers rühmt (bisque die refluo me flumine Scaldis honorat). Es ist ein überwältigender Anblick, das Treiben eines der ersten Seehäfen der Welt auf dem Hintergrunde der noch echt mittelalterlichen malerischen Stadtfront. Das Gesicht Antwerpens hat sich an dieser Seite in den letzten Jahrhunderten noch wenig verändert, erst die beabsichtigte enorme Erweiterung der Quais wird auch hier den altertümlichen Charakter hinweg nehmen.

Vorsichtig bei dem lebhaften Verkehr uns am linken Ufer hindrückend, ermitteln wir zunächst den Landungsplatz der Antwerpen-Rotterdamer Dampfschiffe und fuhren dann gerade auf ihn zu. Es galt vor allem, unsere Kanus billig und sicher nach Hause zu befördern.

Der Wassertransport wäre eigentlich der Eisenbahn-Frachtbeförderung vorzuziehen, weil die Boote auf den Schiffen besser behandelt werden. Trotzdem empfiehlt es sich meist, sie mit der Bahn zu versenden, denn die Schiffer haben keinen bestimmten Frachtsatz dafür, wie ich zu meinem Schaden öfter erfahren habe; jedenfalls ist es dann geraten, bei der Aufgabe den Preis festsetzen zu lassen. Auf der Bahn ist es mir schon gelungen, mein Boot als Passagiergut mitführen zu dürfen, doch hat man keinen Anspruch darauf; will man es gleich mit sich nehmen, so muß man mit einem Personenzug, nicht Eilzug, fahren, einige Stunden vor Abgang des Zuges auf dem Güterbahnhof sein, und das Boot zu diesem bestimmten Zuge als Eilgut aufgeben. Dabei ist ja nicht zu vergessen, daß die Länge des Bootes genau angegeben und die Ablieferungszeit versichert wird; das erstere ist nötig, weil ein Boot als „Sperrgut" nicht auf jeden beliebigen Waggon geladen werden kann, und die sehr geringen Kosten der Versicherung kommen nicht in Betracht dem Aerger gegenüber, wenn

II. Zweite Fahrt von Düsseldorf nach Antwerpen.

man am Zielpunkt angelangt die Wasserreise nicht zur geplanten Zeit beginnen kann.

Der Transport von Düsseldorf nach Biebrich hatte für beide Boote zusammen nur 7 Mk. gekostet, hier nun von Antwerpen, via Rotterdam nach Düsseldorf sollten wir an 30 Mark bezahlen. Darauf gingen wir nicht ein, sondern ließen die Fahrzeuge durch Dienstleute zum Bahnhofe tragen und dort nach Hause expedieren; der Preis betrug 12 Franks.

Ich füge hier gleich noch einiges über die Anschaffungskosten eines Kanus hinzu. Die Firma von Carl Leux (Frankfurt a. M., Schifferstraße 94) liefert ein solches vom besten Material mit Cedernholzdecke für 220 Mark, in Bonn werden Kanus schon für 150 Mark angefertig (Bootbauer Sittig); außerdem kann man sie noch aus Hamburg beziehen. Bei der Bestellung ist anzugeben, ob man das Boot vorne und hinten „abgeschottet" — d. h. den größten Teil des inneren Raumes luftdicht verschlossen, oder letzteren ganz frei wünscht. Erstere Art schwimmt nach dem Umschlagen noch besser auf dem Wasser als letztere, welche indessen auch nicht untergeht. Man kann sich nur nicht, wie auf die anderen, heraufsetzen, dagegen bieten sie, von den Händen des Schwimmers ergriffen, diesem auch große Hilfe, das Ufer zu erreichen. Dabei haben aber die Boote mit ganz freiem Hohlraum den für Biwaksbedürfnisse unentbehrlichen, bei der anderen Art weniger vorhandenen Platz in sich, gestatten auch das bequeme Liegen darin nach Entfernung des Gepäcks und Feststellung des Bootes am Ufer auf die hohe Kante. —

— So saßen wir denn am zehnten Tage nach der Abfahrt von Düsseldorf in einem kleinen gemütlichen Gasthof Antwerpens bei einheimischer orge und ließen die mannigfachen Bilder der Fahrt am Geiste vorüberziehen. Kaum drei Wochen waren wir im Ganzen von Biebrich an unterwegs gewesen; romanhafte Abenteuer hatten wir nicht erlebt, und doch — welche Fülle von Eindrücken und Genüssen waren uns zu Teil worden! —

Die Besichtigung der schönen, in ihrer Entwickelung noch immer aufsteigenden Stadt an den beiden folgenden Tagen bildeten den gehaltvollen Schluß unserer Reise. Wir hatten dabei den Vorteil, von einem vorzüglich unterrichteten einheimischen Deutschen geführt zu werden, an den wir empfohlen worden waren. Der nächste Tag, der Sonntag, war dem Gottesdienst im Heiligtume der Musen geweiht. Wie wohl taten dem Auge nach so vielem Blicken in die unbemessenen Weiten der Natur die harmonisch begrenzten Formen und nach ewigen Gesetzen der Schönheit gezogenen Linien der bildenden Kunst! Die hehren Meisterwerke eines Rubens, wie wohltätig sammelnd wirkten sie auf den durch freies Naturleben im Kampfe mit Wind und Wellen entfesselten Geist! wie wurde aber auch durch Beschränkung auf diesen einen Tag die Gallerieübersättigung, das Uebermaß von Eindrücken vermieden, das so oft, statt auf den Grund der Seele das Spiegelbild der göttlichen Kunst zu prägen, den Sinn in kaleidoskopischer Verwirrung zurückläßt!

Denn an dem folgenden, dem Wochen- und Arbeitstage, dem Montag galt es, das Treiben im Hafen und auf den Werften zu beobachten, was sicherlich bei Antwerpen dasselbe Interesse wie seine Kunstschätze erwecken muß. Von dem alten Scheldetor herab betrachten wir mit mehr Muße und Ruhe als bei der Ankunft das ein- und ausgehende Leben dieses Haupttors von Europa. Dicht vor uns liegt ein gestern angekommener transatlandischer Getreidedampfer, die Flut, die Breite (600 Meter) und die Tiefe des Hafens (bei Ebbe 10 Meter) erlaubt ihm, unmittelbar vor der Stadt Anker zu werfen. Er hat begonnen, seine Ladung zu löschen, mehrere der winzigen Fluß- und Küstenfahrer, — darunter immer noch klein erscheinende eiserne Rheinlastschiffe, die doch an zwanzig tausend Centner tragen können — haben sich neben ihn gelegt und empfangen alle ihre Fracht aus seinem weiten Bauche.

Dort weiter rechts wird eine ganze Rindenheerde verladen; unbekümmert um den Lärm neben ihm, vertrauend auf seine Körperlast, steht so ein mächtiger schwarzbunter Ochse da, plötzlich fühlt er den Boden unter sich schwinden, der Dampfkrahn über ihm hebt spielend den Koloß hoch in die Lüfte vermittels der breiten Riemen, die unter den Rumpf des Tieres gelegt sind. Im ersten Schreck versagt die Stimme dem unfreiwilligen Luftschiffer; doch nach einer viertel Drehung wird er sanft in den Schiffsraum herabgelassen, und jetzt erst gewinnt seine Entrüstung Ausdruck in dumpfem Gebrüll, welches seine Gefährten, vom gleichen Schicksal bedroht, melodisch beantworten.

Wir wandeln weiter zu den „Docks" und bewundern die gigantischen Formen eines Vollschiffs, das hier zur Ausbesserung auf dem Trocknen liegt. Wir besteigen einen der Ostindienfahrer, welcher vor wenigen Tagen mit Passagieren von Bombay angekommen ist; seine

Dreizehntes Kapitel.

Einrichtung bietet die Bequemlichkeiten eines Hotels. Auf dem Quai – welches Sprachengewirr umfängt uns, Antwerpen wird wirklich „vom Tajus, Ganges, Rhein und Indus bedient" – wie die Inschrift am Scheldetor rühmt: „Cui Tajus et Ganges, cui Rhenus servit et Indus." —

Ganz besonders interessant war nach Besichtigung des heutigen Hafens am Nachmittage der Besuch eines vor kurzem aufgestellten Panoramas von Antwerpen, wie es sich im sechzehnten Jahrhundert zur Zeit seiner damaligen höchsten Blüte von

Stadt Antwerpen A.D. 1650.

1. Bischöfl. Hof 2. Burg-Kirch 3. Neuer I. Frauenkirch 4. Alter Ratskirch 5. St. Jacobs Kirch 6. St. Walpurgis Kirch 7. St. Andreas Kirch 8. St. Georg Kirch

Die Schelde

der Flußseite her ausnahm. Die Blüte Antwerpens im Mittelalter ging bis zum Jahre 1568, es hatte damals 125000 Einwohner. Das väterliche Kirchenregiment der Spanier brachte die Stadt in 21 Jahren (bis 1589) auf 55000 Einwohner herunter!! — Einen Hauptunterschied machten damals die alten engen turmreichen Festungswerke, an deren Stelle heute eine umfassende, oft weit über die Grenze des Häusergebietes hinaus greifende und gradlinige Enceinte getreten ist.

Im übrigen bildet Antwerpen bekanntlich mit seinen „detachierten Forts" heute eine „Depotfestung" ersten Ranges in Europa und ein „Reduit" der Landesverteidigung von Belgien, wie es stärker kaum gedacht werden kann. Seine Anlage ist ein Meisterwerk der Fortifikation ausgeführt von dem berühmten Ingenieur Brialmont. Früher war das Land durch eine Reihe von Sperrforts an der Grenze geschützt, welche jetzt zum größten Teil eingegangen sind. Ketzerischer Weise ist mir das neue System für den Kleinstaat Belgien immer als verfehlt und als Auswuchs „fortifikatorischer Zunft" erschienen. Im Kriegsfalle zwischen Deutschland und Frankreich kommt es doch vor Allem darauf an, Grenzverletzungen zu verhüten, wie das Beispiel von „Sedan" beweist. Hierzu sind Forts an der südlichen und östlichen Grenze erforderlich, welche durch eine noch so starke Festung nicht ersetzt werden können, welche am äußersten Nordrand des Landes liegt, deren „Schlagweite" nicht auf hundert Kilometer (Entfernung der wichtigsten Grenz-Zonen) reicht und welche gegen den Einmarsch und Durchmarsch der feindlichen Heere so gut wie nichts tun kann.

Die Unabhängigkeit aber von Belgien, seine staatliche Existenz wird doch nicht durch einen Verzweiflungskampf hinter den Mauern von Antwerpen gewährleistet, sondern durch das internationale Gleichgewicht, die Europäische Diplomatie! —

Wir hatten gestern im Innern der Kathedrale unter Orgelklängen, Weihrauch und Kerzenglanz vor Ruben's göttlicher „Kreuzabnahme" gestanden, tief ergriffen und versenkt in die Mystik der christlichen Kirche — heute stiegen wir empor in die schlanke Spitze dieses herrlichsten aller gotischen Türme zum Schauen weit über Land und Wasser. Wie frei und frisch weht hier die Luft um das erhobene Haupt! Meereswind brachte uns herüber den Abschiedsgruß von Seelands Inseln — „luctor et emergo!" so klang es aus seinem Brausen. Ja ringe und tauche empor du kräftiges flandrisches Geschlecht! wie einst deine Väter widerstehe Wogen und welscher Herrschaft, laß nicht von echt germanischer Art! —

Leb wohl!

Der Abendschnellzug führte uns in fünf Stunden nach Düsseldorf. —

Wohlan, freundlicher Leser, dem es nicht zu langweilig geworden auf dem eintönigen Wasser, der du uns bis hierher begleitet, wähle zwischen Hin= und Rückfahrt! —

Schneller und bequemer war die letztere.

Anhang

„Der Borussia Meerfahrt".*

„Eine Wickinger-Fahrt".*

„Vom Wannsee nach Hamburg im Damenskuller"
mit Vorschlag einer
„Dauer-Ruderfahrt für deutsche Schüler".

„Kanu-Technik".

---

* „Der Borussia Meerfahrt" und „Eine Wickinger-Fahrt" sind früher schon im „Wassersport" abgedruckt und von diesem für die zweite Auflage der „Freien Rheinfahrt" zur Verfügung gestellt.

Der „Borussia" Meerfahrt.

„Und aber nach fünf und zwanzig Jahren — Will ich desselbigen Weges fahren" — mit diesem Vorsatz waren wir vom Rhein geschieden, damals Referendar und Husarenleutnant, heute der eine Oberregierungsrat, der andere Oberst a. D. und Agrarier in Hinterpommern.

Und sie ist zur Tat geworden, unsere „Silberhochzeit auf dem Wasser", trotz des „Silbers", das unsre Häupter schon bedenklich umglänzte. Der „frische Wind" blies auch in meine liebe pommersche Heimat, in deren Hauptstadt zwei kräftige Männer-Vereine blühen, „Sport-Germania" und „Triton", mit angegliederten Schülerabteilungen, daneben „Borussia", selbständiger Klub vom König Wilhelms-Gymnasium, zu deren Ehrenmitgliedern ich mich zählen darf, neben meinem ältesten Sohn als Vorstand. Mein zweiter Sohn schwört zur Farbe des „Triton".

Im Rahmen der „Borussia" sollte deshalb auch unsere Silberfeier statthaben, Zeit die Sommerferien, Festplatz das große herrliche Stettiner Haff.

Manche Hindernisse waren zu überwinden, besonders die Besorgnisse vor den „Gefahren", die je mehr sich vergrößern, je entfernter jemand steht vom Wasser, vom Sport, von der Jugend. Um sie zu mildern, diese Gefahren, ersann ich ein Kriegsbild für unseren Plan, ähnlich denen, welche wir bei Friedensübungen von Heer und Flotte zu Grunde legen:

Der „Borussia" Meer-Fahrt.

A. Zeit: 500 Jahre vor 1906 im Juli.

B. Kriegslage: Stettin ist von einem Angriff

Zwei Ruder-Generationen.

Störtebeker's, des nordischen Seeräubers, bedroht. Das Haff wird von feindlichen Seglern beherrscht. Der Stadtkapitän entsendet am 6. Juli seine schnellste junge Rudermannschaft unter Führung eines alten, zu Lande und zu Wasser erprobten Kriegsmannes, mit dem Auftrage, gegen Swinemünde zu erkunden, dem Feinde Schaden anzutun und die enge Einfahrt der Swine durch Versenkung eines größeren Fahrzeuges unpassierbar zu machen.

Das offene Fahrwasser ist zu vermeiden, die verdeckte Annäherung an die Swine dadurch zu erstreben, daß die Boote sich nahe der Küste halten, in Buchten und seitlichen Gewässern, sowie im Bereiche des Uferschilfes Schutz suchen gegen Wellengang und feindliche Erspähung. Wegen der letzteren Gefahr ist auch Nachtquartier in größeren Orten ausgeschlossen, Unterkunft zu nehmen an einsamen Stellen unweit des Strandes oder im Walde. Im Notfalle darf Transport der Boote über Land auf beigetriebenen Wagen nicht gescheut werden.

Dem Führer bleibt es überlassen, ob er die Fahrt in Richtung Wollin oder Ueckermünde beginnen will. Die Revierförster haben Weisung, dem Geschwader jede Hilfe und Förderung zu gewähren.

Die Rückfahrt wird etwa am 15. Juli erwartet, ohne daß der Tag genau vorgeschrieben ist.

C. Zusammensetzung des Geschwaders.
  a) „Borussia" (Doppel-Zweier).
    Steuer: Der alte Kriegsmann . . . . . Diest sen.
    Nr. 1 . . . . Herz.
    „ 2 . . . . Diest jun. II.
    „ 3 ein wachsamer Seehund . . . . . Terrie.
  b) „Sedina" (Doppel-Zweier).
    Steuer: Ein alter Seebär . . . . Pfeffer.
    Nr. 1 . . . . Salzwedel.
    „ 2 . . . . Voigt.
  c) „Ursula" (Einer).
    Aviso-Boot . . . . Diest jun. I.
  Die Bemannung wechselt auf Anordnung des Führers.

D. Ausrüstung.
  a) Der Einzelnen.
    Uniform der „Borussia" mit Sweater.
    Rucksack mit Wäsche (nicht Leinen oder Schirting),
    1 Paar alte Schuhe zum Waten,
    1 warme Decke oder Schlafsack,
    1 Mantel, möglichst wasserdicht,
    1 Teller, Becher, Messer, Gabel, Löffel, Serviette,
    Badehose, Handtuch,
    Regenschirm,
    Zahnbürste (Modell 1306).
  b) Gemeinsam, vom Führer besorgt.
    Zwei große, verschließbare, wasserdichte Säcke von Segeltuch (Offizier-Verein IIa Nr. 679).
    Kochapparat, Laternen, Spaten, Waldmesser, Feueranzünder, Reiseapotheke, große Schwämme.
    Konserven.
    Generalstabs-Karte 1:100000 Nr. 187 Stettin, 155 Pölitz, 122 Wollin, 121 Swinemünde, 154 Pasewalk.
    Karte Liebenow 1:300000, Nr. 35 Anklam, Nr. 36 Stettin.
    Empfehlungsschreiben des Herrn Ober-Forstmeisters von Stettin an sämtliche Förster des Bezirks.

Das photographische Ressort lag in den Händen meines Freundes.

Die Anwerbung der Mannschaft war nach einigem hin und her glücklich

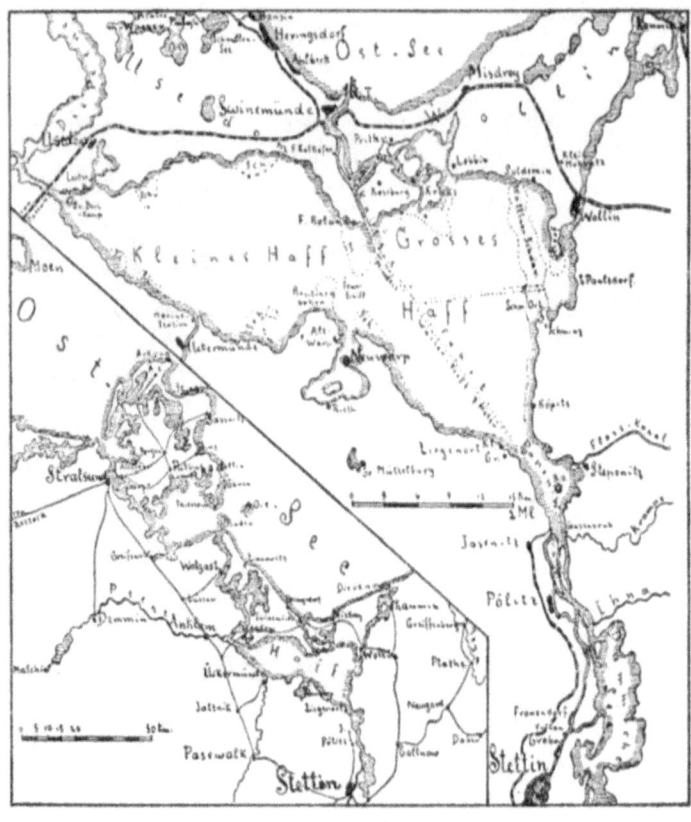

erledigt. Der „alte Seebär" traf glücklich ein. Die Ausrüstung war verstaut. Ueber unseren Kriegszug sei nun der Zeit nach berichtet.

---

6. Juli.

3.30 nachmittags Abfahrt vom Boothaus der „Borussia" am Unterwiek; hindurch durch das Gewimmel in den stets belebten Stettiner Hafen, vorbei am „Vulcan" mit seinen Schiffskolossen, einem im Bau befindlichen Linienschiffe unserer Marine. Das linke Ufer der Oder ist hoch, dicht besiedelt, ein Bild emsiger Arbeit und stetigen Fortschritts; rechts breiten sich weite Marschen mit zahlreichen Durchfahrten und Durchblicken auf den Damm'schen See. Vorwärtsstrebend, halten wir uns in der Engen Oder, durchfahren den Dammauschen Strom, die Weite Strewe und erreichen mit dem 21. km nach zweistündiger Arbeit bei Schwankenheim das Papenwasser. Bisher hatte uns die schwache Strömung gefördert, der mittlere Nord-West im Flußlauf nicht gehindert; hier jedoch traten uns die ersten Meereswellen entgegen, von nun an unsere Hauptfeinde, abgesehen von den Seeräubern. Das Papenwasser hat zwei bis drei, mit der Stepnitzer Bucht fünf Kilometer Breite, das gradlinige, NNW. sich erstreckende linke Ufer bot bei der herrschenden Windrichtung wenig Schutz; Richtung Ziegenort-Ueckermünde war damit ausgeschlossen. An dem mehr gegliederten Oſtſtrande war beſſere Ausſicht auf Fortkommen. Zwar, die „Ursula", vorn und hinten wasserdicht abgedeckt, der ſchmale Sitz in der Mitte von ſchrägen Waſchborden umfaßt, durchſchnitt großartig die gegen zwei Fuß hohen Wellen; auch die „Sedina" hielt ſich leidlich, aber die alte „Boruſſia" mit flachem Bord und durch Gepäck beſchwert, fing bald an, Waſſer überzunehmen. Dazu fiel Regen. Am Steuer des maßgebenden Fahrzeugs ſitzend, drehte ich deshalb den Kurs des Geſchwaders von der Nordſpitze des Gr. Kopfwerders rechts auf die Krampe zu, ein Nebenflüßchen, in deſſen Mündung wir nach kurzer Zeit Schutz fanden, ſowie auch Quartier in dem hier befindlichen Kruge von Genzensruh. Die Mannſchaft ſchlief auf dem Heuboden.

7. Juli.

Früh feiner Regen; dann aufklärendes stilles Wetter. Radikal-Toilette in der Krampe; Abfahrt 8 Uhr vormittags. Friedlich lag ſie vor uns, die geſtern ſo ungemütliche Waſſerfläche. Ohne Bedenken konnten wir die Stepenitzer Bucht „abſchneiden", auf Schwantewitz halten. Mit der Geschwindigkeit von ca. 6 Min. per km durchſchnitten wir die klare Flut. Das Papenwaſſer iſt berühmt als Trinkwaſſer an der geſamten baltiſchen Küſte; in ſeiner Mitte, unweit der Inſel Buchenort, aus der hier 7 m tiefen Fahrrinne dringt ein ſtarker Quell zur Oberfläche und die meiſten Seeſchiffe entnehmen dieſer Stelle ihren Bedarf an Waſſer, das ſich Jahr und Tag beſonders gut halten ſoll. Im Sommer iſt es kühl, im Winter friert dieſer Platz niemals zu.

Gegenüber von Ziegenort, dort wo das Papenwaſſer zum „Großen Haff" ſich erweitert, paſſieren wir eine künſtliche Inſel mit kleiner Anſiedelung, welche die Strombau-Verwaltung auf dem Grunde einer 2 m-Untiefe angelegt hat. Von hier fuhren wir direkt nördlich, nahe Schilf und Binſen, welche die Haffufer faſt im ganzen Umkreiſe beſäumen, vorbei an Köpitz mit hübſcher hart am Waſſer gelegener Dorfkirche, bis zum „Schminzer Ort". Auch die hier beginnende große Paulsdorfer Bucht konnte abgeſchnitten werden. Ein ſchwacher Nordorſt kräuſelte kaum die Flut, alle Himmelszeichen deuteten auf ſtetiges Wetter. Dem Schminzer Ort ſtreckte ſich die Landzunge des Wolliner Roofs entgegen; die 4 km dazwiſchen konnten in einer halben Stunde erledigt ſein. Nach kurzem Frühſtück befahl ich deshalb Kurs Soldemin, am Südufer der Inſel Wollin ſchon erkennbar.

Ein Umſtand, welcher die Gefahr ſtark einſchränkt, welche leichten Sportbooten auf dem offenen Haff drohen könnten, iſt deſſen geringe Tiefe. Weitab vom Ufer erſtrecken ſich die „Schaare", Untiefen von nur wenig mehr als 1 m Waſſer, im Notfalle feſten Grund bietend. Unter unſerer Strecke Schminz-Soldemin läuft das „Wolliner-Schaar", 2 km nördlich von Schminzer Ort, nur durchgeſchnitten von einer ausgebaggerten Fahrrinne für den Dampferverkehr Ueckermünde-Wollin und markiert durch Bojen, die in der Flucht des Sichtpunktes Paulsdorfer Windmühle bis zur Kaiserfahrt verlängert ſind. Die tiefſte Stelle des Schaars iſt auf einer Strecke von 12 km nur 1,0 m, diejenige der etwa 100 m breiten Rinne 4 m.

Gegen mittag landeten wir nach 34 km Fahrt auf reinlich ſandigem Strande vor Soldemin. Im Schatten alter Bäume ward ſchnell das Lager errichtet, gebadet und ſodann eine Requiſitions-Patrouille in Richtung Klein-Mokratz entſendet. Dort weilte zu den Ferien im Elternhauſe ein braves und gewichtiges Mitglied von der „Boruſſia", das in richtiger Erkenntnis der Sachlage mit der Patrouille nachmittags im Lager eintraf, und zwar auf einem Fourage-Wagen mit Ponies beſpannt, dem außer ihm die wunderbarſten Schätze entſtiegen, Brot, Eier, Butter, Obſt eimerweiſe, eine Flaſchenbatterie Moſelwein, ja ſogar eine „Henkel trocken". Da erhub ſich ein fröhliches Schmauſen am kühlen Ufer des

Haffs. Und auch für Quartier hatte der Gastfreund gesorgt. Auf den Höhen von Soldemin liegt ein reizender Landsitz des Herrn Hauptmann Mersmann-Soest; zwar das Haus war zu klein für solchen Massen-Ueberfall, doch auf sauberer Schennentenne war ein komfortables Lager bereitet, auf dem die Mannschaft vortrefflich schlief.

8. Juli.

Nach kräftigem Frühstück am Tische unseres freundlichen Wirtes, Besprechung der Kriegslage und „Befehlsausgabe" schieden wir mit dankbarem Hoch auf das gastliche Haus und setzten die Küstenfahrt fort. Doch wurde früh gerastet im Hinblick auf die Uferverhältnisse, die noch vor Lebbin in einsamer Waldgegend zum Bade und ungestörten Biwak mit Abkochen im Freien einluden. Das Wetter blieb günstig. Nachmittag umschifften wir das Lebbiner Vorgebirge, widerstanden der Verführung, einen Abstecher nach dem schönen Misdroy zu machen, eingedenk unseres Auftrages mit dem Ziel Swinemünde, und fuhren bei Kricks in die Swine.

Morgentoilette am „Haff".

Durch das Gewirr von Inseln und Buchten bietet die Generalstabskarte einen sicheren Leiter. Die Schwemmlande ringsum erheben sich nur wenige Fuß über dem Wasserspiegel, sind überall mit üppigem Graswuchs bestanden, bieten selten Platz zum Anlegen und Lagern, nirgends trockene Stellen zum Biwak. Die wohlhabenden Dörfer Pritter und Caseburg blieben weit seitwärts liegen. Abends landen wir bei Försterei Kalkofen, woselbst an der engsten Stelle der Kaiserfahrt die Sperrung des Fahrwassers supponiert wurde.

Vom Revierförster Herrn Weppner höflich empfangen, haben wir dann nahe der Försterei im Walde nach allen Regeln der Kunst ein Biwak errichtet. Die Vorbereitungen zum Uebernachten im Freien waren sorgfältig getroffen; sie konnten aber nicht hindern, daß uns trotz kräftig rauchenden Feuers die Mücken im

Schlafe störten. Die Mückenplage hängt hier am Haff von der Windrichtung ab, Seewind vertreibt sie.

Eine zweite Enttäuschung, welche dieses für die Meisten erste Nachtlager unter freiem Himmel — trotz herrlichen Vollmonds — nicht in so poetischem Glanze erstrahlen ließ, wie es vom Führer gedacht war, bildete die kriegsmäßige Nahrung, welche Firma T. & Co. geliefert hatte. Hammelfleisch mit Weißkohl und Irish stew erwiesen sich als ungenießbar und wurden selbst von unserem Kriegshund verschmäht. Möchten unsere braven Kolonialtruppen davon verschont bleiben.

9. Juli.

Die Perspektive auf das Meer hob die infolge gestörter Nachtruhe etwas gesunkene Stimmung. Schon nach einstündiger Fahrt waren die riesigen Molen erreicht, die den Eingang zum Swinemünder Hafen schützen. „Ursula", der Aviso,

Aufbruch aus dem Biwak.

ging flott voran, umfuhr die kürzere westliche Mole, wurde dann aber von der Brandung an den Strand gesetzt. „Sedina" gelangte an der äußersten Leuchtbake der östlichen Mole ins Meer, zog erst dann doch vor, umzukehren. „Borussia" hielt sich wohlweislich zurück, begnügte sich mit dem Erfolg, bis ans Meer gelangt zu sein, einige Wellen reelles Salzwasser geschluckt zu haben und ging am Leuchtturm von Osternothafen an Land, wo sich nach einiger Zeit das Geschwader zusammenfand. „Ursula" war mit Hilfe eines Fischers über die Moole gehoben worden und damit wieder ins Swinewasser gebracht.

Das Hauptziel war erreicht, durch den Erfolg der Wagemut mächtig gesteigert. Es gewann der Plan Gestalt, die Meefahrt fortzusetzen, Ahlbeck-Heringsdorf anzulaufen. Bei glatter See war er leicht ausführbar. Von Seebad Bansin konnten die leichten Boote auf Wagen gesetzt, auf fester Straße 4 km hart an den Schmollen See gefahren werden, um so durch das Wasser von Pudagla ins Achter-Wasser, in die Peene, bei Anklam vorbei wieder ins Stettiner Haff zu gelangen. Das Wetter war herrlich, der Ostwind aber zu kräftig, um mit der „Borussia" in See zu gehen.

Doch das blaue Meer lockte unwiderstehlich und der abgehaltene Kriegsrat ergab folgenden neuen Auftrag:

„Störtebecker ist nach Brandschatzung der Haffufer mit seinem Raube in Richtung Rügen entkommen. Die Stettiner Flotte verfolgt ihn. Der Schnellsegler „Odin" hat schon Swinemünde erreicht und geht noch heute in See. Die Mannschaft des Erkundungs-Geschwaders soll sich dem Kapitän des „Odin" zur Verfügung stellen."

Der „Odin" (Salondampfer, Rhederei Bräunlich & Co.) nahm uns auch wirklich 3 Uhr 30 nachmittags an Bord. In wunderbar schöner vierstündiger Fahrt über Heringsdorf — die Greifswalder Oie—Göhren—Sellin—Binz erreichten wir am Abend Saßnitz, vergaßen am Tische und in den guten Betten von Kurt Lenz (Touristen-Hotel) Mückenplage und Irish-stew und träumten von neuen Lorbeeren gegen Claus Störtebecker.

10. Juli.

Wohlauf die Luft geht frisch und rein,
Wer lange sitzt, muß rosten
Den allersonnigsten Sonnenschein
Ließ uns der Himmel kosten. —

Heute wurde Störtebecker zu Fuß verfolgt. Auf dem „Schloßberg" bei Oberförsterei Werder, 2 km nördlich Saßnitz lag sein Schlupfwinkel; gegen SO. stand er durch einen See mit dem Meere in Verbindung — so meldet die Sage.

Bei Försterei „Roland".

Ein Seebecken (bei Rognick) ist noch erkennbar, aber dessen Ausfluß „die Krenz", ein Gebirgsbach, der Saßnitz durchfließt, stürzt steil die Felsen herab und konnte als Verbindung mit dem Meere schwerlich dienen.

Auf dem prachtvollen Waldpfade, hart am Steilabfall zur Küste, wandern wir nach Stubbenkammer. Die Kreidefelsen, die tiefblaue See — man findet sie auch im Süden, aber dicht davor ein frischer Laubwald wie der unseres nördlichen Heimatlandes — ich habe ihn auf meinen Fahrten an den Gestaden des Mittelmeeres vergeblich gesucht. Und hinein in dieses leuchtende Farbenbild erklangen noch vierstimmig deutsche Männerweisen eines Gesangvereins, den wir in Stubbenkammer antrafen — wahrlich mit Dank empfanden wir, der liebe Gott wollte uns „so rechte Gunst erweisen" am heutigen Tage.

Im übrigen ist hier nicht Platz, Rügens weltbekannt Schönheiten zu preisen, und lag es nicht in unserem Reiseplan, sie eingehender zu bewundern. Vorüber am Hertha-See durchmaßen wir in flottem Marsch die Jasmunder Halbinsel, badeten und speisten im kleinen weltabgekehrten Seebade von Mucran und erreichten nach einer Wanderung von insgesamt 35 km spät abends Bins mit gutem Quartier bei Herrn Potenberg.

11. Juli.

Die „Hertha", ab 6.45, brachte uns zu 11 Uhr vorm. zurück nach Swinemünde. Wir fanden die Boote „in treuer Hut" beim Wächter des Leuchtturms, speisten vortrefflich in „Bristol" und ruderten zurück durch die Kaiserfahrt. Sie ist 1880 eröffnet und kürzt das alte Fahrwasser der Swine um 8 km. Die Molen ragen nur ca. ½ m aus dem Wasser. Um die westliche Mole herum gelangten wir bis Försterei Roland. Das war ein herzliches Willkommen, das uns der biedere Förster mit seiner Gattin bot; wie haben wir uns wohlgefühlt bei diesen prächtigen Menschen! Tief versteckt hinter einem Walle von Schilf und Binsen liegt das Forsthaus. Das Revier Friedrichstal ist berühmt wegen seiner Masse jagdbarer Rothirsche und Haus Roland erhält somit öfter höheren Besuch. Herr Schmidt, das vortreffliche Original eines Hafffischers, half uns beim Bergen der Boote samt Ladung und berichtete uns viel Nutzbares über die ihm vertrauten Gewässer.

12. Juli.

Es war großer Schneid vorhanden zur direkten Uebersetzung des Haffs. In gerader Richtung auf den „Repziner Haken" sind es 8 km; das Wetter schien stetig, Wind kaum zu spüren; das „Feuerschiff" auf halbem Wege bot im Notfalle

Schmidt, der olle ehrliche Seemann.

Zuflucht. Trotzdem wagte ich die Ueberfahrt nicht, getreu dem Grundsatz, auch die geringste wirkliche Gefahr zu vermeiden. Die Mannschaft murrte im Stillen, gehorchte und — erkannte bald, daß der Kommodore Recht hatte. Allmählich erhob sich eine Brise aus WNW. und rührte das glatte Wasser kräftig um; voraussichtlich hätten wir uns auf das Feuerschiff „retten" müssen und dort einen oder mehrere Tage lang festgesessen in wenig verlockenden Verhältnissen der Unterkunft und Verpflegung.

Im übrigen war der heutige Tag zu einem längeren Rekord so recht geeignet; ein leichter Regen gab die nötige Kühlung, der Wind blies von vorn, abgeschwächt durch das nahe Ufer; die somit vom Bootskiel spitz zu durchschneidenden Wellen spülen viel weniger über Bord als die seitwärts aufschlagenden. Immerhin mußte unser großer Schwamm oft seine Schuldigkeit tun, um die Spritzer wieder hinaus zu befördern. Aber es ging doch flott vorwärts. Die beiden „alten Seemänner" waren schon in den ersten Tagen wieder gut in Gang gekommen, die verrosteten Rudermuskeln geschmiert. Steuer und Ruder konnten wechseln. Gegen 1 Uhr mittags, gerade als es „aufhörte sachte zu regnen", war am Eingang in den Usedomer See die Lotsen-Station erreicht, 30 km in 3 Stunden, also der km in 6 Minuten. Beim Lotsen längere Rast mit einfachem Frühstück. Weiter mit aufklarendem Wetter 5.30 n., um den Gr. Bockkamp herum zum Südufer des Haffs. Am Horizont zeichneten sich die schön geschwungenen Linien der 700 m langen Eisenbahnbrücke — genau vor 25 Jahren passierten wir den 3000 Meter langen Prachtbau, welcher bei Moerdyk (spr. Murdeik) die Dordrechter Bahn über das „Holländsch-Diep" führt — eine packende Erinnerung!

Der Wind war abgeflaut, der Kampf mit den Wellen hörte auf. Spielend

Im Neuwarper See.

wurden die nächsten 20 km zurückgelegt, um 8 Uhr abends landeten wir in der Mündung der Uecker bei der Marinestation, von wo ein kleiner Kutter die andauernd notwendigen Peilungen und Lotungen in den Haff-Gewässern ausführt. Die Boote im Schuppen des Strommeisters lassend, wanderten wir nach Ueckermünde (½ Stunde) und fanden vortreffliches Quartier im „Kronprinzen". Es war ein „heißer Tag" gewesen trotz Wasser von oben und unten.

13. Juli.

„Ausschlafen" war für heut großgeschrieben. Außerdem war Schützenfest in Ueckermünde; die Mannschaft erhielt Urlaub auf den Festplatz; wir Alten besuchen das berühmte „Schloß". Erst 1 Uhr 45 Min. sind wir wieder flott. Das Haff liegt glatt. Den Repziner Haken umschiffend gelangen wir in den Neuwarper See mit seinem idyllischen Städtchen. Schwärme von Wildenten, wie ich sie niemals in solcher Masse sah, bevölkern das Riether Werder. Wir landen in Rieth; Ausschiffung und Bergung der Boote vollzieht sich mit ungeahnter Schnelligkeit; ein langer Transportwagen des großen Holzplatzes befördert sie auf Schienen in einen Schuppen, den der Herr Besitzer freundlichst zur Verfügung stellt.

Dann heißt es wieder: Hurra, eine neue Muskelgruppe! In Geschwindschritt gings durch den Kiefernwald zur Oberförsterei Gr. Mützelberg, deren Inhaber uns leichtsinniger Weise eingeladen und schon von Ueckermünde aus telephonische Warnung von dem drohenden Ueberfall erhalten hatte. Der Grad von Gastfreundschaft, der dazu gehört, eine derartig „leistungsfähige" durchgeruderte und durchmarschierte junge Mannschaft zu verpflegen, und auch noch zu beherbergen, ist schwer zu

Mittagsrast.

ermessen. Es waren schöne Ruhestunden, die wir in dem zwischen zwei Waldseen lauschig eingebetteten Waidmanns-Heim verlebten, für welche unser Dank hier nochmals erstattet sei.

14. Juli.

Rieth Abfahrt 12 Uhr mittag. Die heutige Strecke hatte ihre Bedenken; gegen Wind von der Wasserseite gewährt sie keinen Schutz; das Ufer von Altwarp bis Ziegenort hat weder Buchten noch Inseln. Die „Borussia" wurde denn auch durch den Nachmittags aufstehenden kräftigen Nordost genötigt, bei Horst „in die Binsen" zu gehen und sich auszuschöpfen zu lassen. Dann „log sie sich so durch" bis Gr. Ziegenort; im Papenwasser hatte der Wind schon weniger Gewalt, und das Geschwader konnte geschlossen den Kurs heimwärts nehmen. Galt es doch heute einen anständigen Schlußrekord zu gewinnen! Und die 57 km wurden in einem halben Tage geschafft, wenn sie auch den älteren daran beteiligten Knochen sauer fielen.

„Aber gut is es doch", sagte Braesig zu Carl Havermann, so wie ich zu meinem Wasserbruder, als wir um 10 Uhr abends beim Stettiner Bootshause etwas steif aber stolz an Land stiegen.

Zum Schluß stelle ich kurz die Erfahrungen unserer Meerfahrt zusammen:

1. Boots=Art. Der ungedeckte „Doppel=Zweier" mit Rollsitz, Auslegern und Platz für zwei Mann am Steuer, ist das beste Reiseboot, weil die Bewegung mit Skulls und Rollsitz am vielseitigsten, die Ablösung am Steuer am häufigsten, das Fortkommen deshalb am schnellsten ist. Die einseitige Arbeit in der Riemen=Gieg fördert im Verhältnis zur Kraftausgabe weniger. Die Vorteile des Kanus (Rob=Roy=Typ) mit Deckschürze sind in der „Freien Rheinfahrt" dargestellt; es ist das denkbar sicherste Fahrzeug für rauhes Wasser, aber sehr langsam, dazu das Paddeln noch einseitiger als der Riemen. Der Einer (Skiff) ist das schnellste Boot und mindestens so sicher wie der Doppel=Zweier, die Arbeit darin noch leichter; unsere Mannschaft betrachtete es als einen Vorzug, im Einer zu fahren; Gepäck kann man darin nicht mitführen.

Ungedeckte Boote sind besser als gedeckte, weil leichter und zum Verstauen von Gepäck geeigneter, welches in wasserdichten verschließbaren Säcken besser untergebracht wird, als im festen dunklen Hohlraum.

Der Vergleich mit schwereren Booten gehört nicht hierher; man verzichtet in ihnen auf die Schnelligkeit und Leichtigkeit der Bewegung und des Transports.

Eine Wickinger=Fahrt.

Juli=August 1907.

Am 21. Juli fuhr ich mit meinen zwei Söhnen (H. und S.) nach Kolberg zur Ausfahrt auf eine Reise längs unserer baltischen Wasserkante, welche wir geplant hatten im Vertrauen auf Erfolg und Erfahrungen der vorjährigen „Meerfahrt", über die damals im „Wassersport" (1906, Nr. 35) berichtet wurde. H. hatte inzwischen das „Pennal" glücklich hinter sich und „studierte" Jus in Greifswald, S. war an Leibeslänge und Ruderkraft mächtig gewachsen — mit Vertrauen konnte ich auf meine junge Mannschaft blicken — als vierter im Bunde fehlte natürlich auch diesmal nicht Terrie, der „wachsame Seehund".

Rügen war unser Ziel. Daß wir die meerumbrauste nordische Insel nicht im Sportboot erreichen konnten, war klar. Als Mitglied des Kolberger Yacht-Klubs hatte ich mich deshalb der „Lacerta" versichert, eines flotten Kutters von 12 m Länge und 1,90 m Tiefgang, mit 80 Zentner Blei im Kiel; Bemannung: Herr Albrecht, ein seebefahrener Vollmatrose z. D. und der Schiffsjunge Karl.

Das liebliche Sommer=Wetter, das heuer ganz Norddeutschland erfreut hat, begrüßte auch unsere Ankunft an der Küste — Regen und Sturm von West. Bei einer Probefahrt saßen wir „im Wasser" und konnten eine Eigenschaft unseres Fahrzeuges gleich kennen lernen, mit der es seinem Namen Ehre macht — es versteckt sich gern, wie eine Eidechse, nämlich unter das Wasser, nimmt Wellen über schon bei geringem Seegang, weshalb unser A. in berechtigtem Zorn es gern als „Untersee=Boot" titulierte. Nach dreitägigem Warten, am

24. Juli.

gingen wir trotzdem aus dem Persanten=Hafen in See und erreichten nach etwa 100 km Fahrt gegen einen steifen West=Nordwest um 3 Uhr den Nothafen von Swinemünde West. Von der schönen grünumsäumten Heimats=Küste hatten wir im Nebel und Regen wenig gesehen, ja sogar bei dem langsamen Lauf des Kutters Dievenow und Misdroy verwechselt! Die Absicht, Greifswald heute zu erreichen, mußten wir aufgeben, angesichts des schwierigen Fahrwassers im Bodden, der in der Dunkelheit ganz unbefahrbar ist. In Villa „Splendid" fanden wir vortreffliche Unterkunft. Die Dachstuben daselbst bei Herrn Katz mit herrlicher Aussicht über Strand, Mole und Hafen — alles für M. 1,50 — seien allen Seefahrern warm empfohlen.

25. Juli.

Das „Sommer=Wetter" blieb unverändert. Nach den Sturzbädern des gestrigen Tages gelüstete es uns nach milderen Seglerfreuden; wir warteten, genossen großstädtisches Badeleben, besichtigten den Hafen mit der eben vollendeten „Kronprinzessin Cecilie" und beobachteten mit großem Interesse das Schießen der Küsten=Batterien nach schwimmenden Scheiben.

26. Juli.

Sonnenschein, weniger Seegang, mäßiger Wind, WSW. Gegen Mittag lichteten wir Anker und erreichten in vier Stunden (50 km) die „Greifswalder Oie". Der Wind zur Einfahrt in den Bodden war ungünstig; auch lockte uns der Besuch der einsamen Insel, weshalb wir nach ihrer Umsegelung im weiten nördlichen Bogen im Hafen an der südwestlichen Spitze festmachten.

Es ist ein merkwürdiger Fetzen deutscher Erde, dieses „baltische Helgoland", wie es nach seiner Lage und steil aus den Fluten aufsteigenden Küste mit Recht genannt wird. Zwar ist seine Kante nicht rot, wie der Fels in der Nordsee; als Rest eines früher größeren Diluvial-Plateaus besteht er aus gelblichen, ca. 30 m hohen Lehmwänden, an welchen das Meer unabläſſig und mit ſolchem Erfolge nagt, daß der Fiskus als jetziger Beſitzer ſich veranlaßt ſieht, rings herum Wälle aufzuführen aus zyklopiſchen Steinblöcken, welche den Strand umlagern. Die Greifswalder Oie, d. h. „Auge", iſt ſchon ſeit 1291 als wichtiger Lugaus der alten Hanſeſtadt bekannt, welche ſie 1883 an den Preußiſchen Staat verkaufte, der einen Leuchtturm und Hafen erbaute, ſowie Lotſen- und Rettungs-

Greifswalder Oie (Südoſtkante).

ſtation mit zwei Nebel-Kanonen und Raketen-Apparat unterhält. Die Inſel iſt 1600 m lang, 600 m breit, hat 32 Einwohner. Der Pächter des Staats, Firma Bräunlich-Stettin, hatte auch hier ein „Reſtaurant" angelegt, das mit protziger Schrift den Beſucher grüßte, dem aber verſtändiger Weiſe wieder die Erlaubnis entzogen wurde zugunſten des alten trauten „Seemannsheims", eines zweihundert Jahre alten Gebäudes mit maleriſchem Rohrdach, in welchem wir beim Seemanns-Vater Klehn herzliche Aufnahme und gute Bewirtung fanden. Wir ſahen gute Weizenfelder und ſchönes Weidevieh. Die Flora weiſt eigentümliche Pflanzen auf, die einen Breslauer Botaniker jüngſt zu mehrwöchentlichem Studium auf der Inſel veranlaßten; der Chriſtusdorn (Ilex), hier „Hüllbüſchen" — der heilige Buſch, der als Feuerlöſcher und Geiſterbanner auch in Ganghofers „Martinsklauſe" eine Rolle ſpielt — genannt, erreicht eine Höhe von 14 m, auch gedeihen Linde, Rüſter, Weißbuche und Eſpe. Es wimmelt von Haſen, man nannte uns 100 Stück, die alle von einem erſt kürzlich ausgeſetzten Paare ſtammen ſollen; auch gibt es Jagd auf Bekaſſinen und wilde Tauben. Ein lebhafter Dampfer-Verkehr umkreiſt das Eiland, wenn auch fahrplanmäßig hier kein Schiff anlegt. Der Leuchtturm (Blickfeuer) korreſpondiert mit dem Kollegen in Swinemünde und iſt durch Kabel mit dem Feſtlande verbunden. Für den Kriegsfall dient die Oie als wichtige Signalſtation.

27. Juli.

Früh wieder ſtarker konträrer Wind (W.). Das Kreuzen iſt in den Untiefen, welche dem Greifswalder Bodden vorlagern, faſt ausgeſchloſſen, zum mindeſten ſehr gefährlich. Erſt gegen Mittag verlieren wir mit einer etwas ſüdlicheren Briſe den Hafen und kamen, 12 km von der Oie, bis in die Höhe der Südſpitze vom „Ruden", einer Sandbank, von 8 Lotſen und Waſſervögeln bewohnt, deren Maſſen nur noch in Roſſitten auf der Kuriſchen Nehrung übertroffen werden

Seemannsheim auf dem „Baltischen Helgoland". (Haus 200 Jahre alt.)

sollen. Ein Wächter der Meeres-Sicherheit und -Ordnung erschien bei uns an Bord, bewaffnet mit einer großen Ledermappe voll Akten und Listen, in denen er unsere „Ladung" eintragen wollte. Nach gewonnenem Einblick in unsern Vorrat einiger Konserven und Dauerwürste nahm er jedoch von einer Rigistrierung Abstand. Wir berieten mit ihm die Weiterfahrt mit dem Ergebnis, daß wir Wieck bei Greifswald nicht mehr erreichen könnten, sondern Thiessow, die SO.-Spitze von Rügen, anlaufen müßten. Wir folgten auch genau der von dem seemännischen Ortskenner gewiesenen Richtung und — fuhren bald darauf auf eine Sandbank. Zwar kamen wir gleich wieder los, der Seegang war nicht schlimm; doch erhielt ich einen heilsamen Schrecken in die Glieder, der mich zu noch größerer Vorsicht mahnte.

Thiessow, der Südzipfel der Halbinsel Mönchgut, mit seinem scharfen, 40 m zum Meere absteigenden Bergrücken, vom Volk das Südpeerd genannt — das Nordpeerd liegt bei Göhren eine Meile NNO. — hat zwei Badeorte am westlichen und östlichen Strande. Mönchgut war seit 1295 Besitz des Klosters Eldena, woher sein Name. Wir gingen am östlichen Strande vor Anker und fanden im „Strandhotel" gutes Quartier.

28. Juli.

Heute sollte nun endlich Greifswald erreicht werden. Der gestrige Grundstoß der Lacerta veranlaßte mich, einen Mönchguter Spezial-Lotsen an Bord zu nehmen. Und das war sehr gut, denn kaum steckten wir die Nase um das Peerd herum, da blies uns ein böiger WSW.-Sturm grob ins Gesicht, die kurzen Stoßwellen gingen übers Deck, wir krochen ins Oelzeug, ein Steuern nach der Seekarte war unmöglich. Der Turm der „dicken Marie" von Greifswald, am SW.-Horizont gab zwar eine gute Landmarke, aber dazwischen lag der „Große Stubben", eine breite Untiefe mitten im Bodden, welche mit einem besonders vorsichtigen Schlag nach SW. vermieden werden mußte. Fast drei Stunden währte diese recht interessante Fahrt. Gegen 1 Uhr warfen wir glücklich Anker bei der Dänischen Wieck und erreichten mit erwärmendem halbstündigen Fußmarsch zum Mittagbrot die Alma Mater unseres H., der uns dort mit Umsicht und LokalPatriotismus die Honneurs machte. Ich quartierte in den Preußischen Hof; S. mit Terrie zum akademischen Bruder. Abends wurde Wieck-Eldena per Dampfer auf dem Rykfluß besucht. Das alte Cistercienser-Kloster ist schon 1199 von Jarimar I., Fürst von Rügen, gegründet, also noch vor Anlage der Stadt Greifswald (1233). Die Basilika, als Ueberrest der 1638 von den Schweden zerstörten Abtei, gehört zu den schönsten Ruinen in Pommern.

Straße in Stralsund.

29. Juli.

Dauernd Westwind! — Die Reise über den Bodden hatte uns den Geschmack am Segeln über Sandbänke bei konträrem Wind denn doch etwas verdorben. Zudem verdiente das schöne alte „Grippeswalde" wohl den verlängerten Aufenthalt. Wir überließen es unserem Kapitän deshalb, sein Untersee-Boot allein durch den Bodden weiter zu steuern, besichtigten die Stadt und erreichten nach solennem, in seiner Studentenbude von H. uns servierten Frühstück auf weniger poetischem aber soliderem Wege per Eisenbahn Stralsund mit Unterkunft am Sund im „Touristenheim" von Rühe nahe dem Stralsunder Ruder-Klub. Nach einem Gang durch die an Erinnerungen der vaterländischen Geschichte so reichen Stadt wurde natürlich vor allem das Handwerk gegrüßt. Wir trafen auf herzlichsten Empfang bei den Rudergenossen und waren besonders erfreut, die Hertha vorzufinden, Doppelzweier vom „Triton" aus Stettin, welcher mit Dampfer Margarete schon vor acht Tagen für uns angelangt war und im Stralsunder Ruder-Klub ebenso liebevolle wie sachverständige Aufnahme gefunden hatte. Eine Probefahrt auf dem Strelasund ergab „Alles in Ordnung" — wie erfrischend wirkte die herrliche Ruderarbeit im Rollsitz! Wenige, die ihren Wert jemals gründlich

Ruder-Klub in Stralsund.

erkannt haben, werden sie in jungen Jahren auf die Dauer mit dem Segelsport vertauschen wollen. Die Bedeutung des Letzteren für die „Zukunft auf dem Wasser" — es sei fern von mir, sie herabzusetzen; jedoch kann er die hygienischen und moralischen Vorteile des Ruderns, besonders für unsere Jugend, niemals erreichen. Auch bin ich in gewisser Weise dem Segeln etwas gram, aus dem Grunde, weil sich die älteren Semester damit so leicht vom Rudern abhalten lassen. Und leider — zu den „Alten" zählt sich in unserem lieben Vaterlande, beim Volke der Denker und Brillenträger, im allgemeinen schon der Dreißigjährige! Wir sind ja auch hierin in den letzten Jahrzehnten etwas vorwärts gekommen. Aber von dem Bilde sind wir doch noch recht weit entfernt, das sich mir im Jahre 1877 beim Army Athletic Meeting im Lager von Aldershot bot, wo ein Fußwettlauf stattfand „for officers more than 20 years service" — einige Dutzend 40- bis 50 jährige Kapitäns und Majors liefen dort barbeinig über den grünen Plan, nach der Palme des Sieges greifend. „Verrückter Unsinn", so höre ich unsere „alten Herren" von 30 Jahren beim Frühschoppen sagen, „ich werde mich doch nicht vor der Jugend lächerlich machen".

30. Juli.

Inzwischen war unser Kutter auch in Stralsund angelangt, dank der Hilfe des Mönchguter Lotsen, der erst von hier aus heim fuhr. Für die Weiterfahrt war eine wechselnde Benutzung von Segel und Scull geplant. Wir hingen heute deshalb zunächst die Hertha an die Lacerta und fuhren mit dem unentwegten aber jetzt brauchbaren W.-Wind nordwärts, durch das enge Stralsunder Fahrwasser, links vorbei an dem mit Sandbänken durchsetzten Kubitzer Bodden, der Insel von Ummanz, dem Udarser Wieck, und über den Schaproder Bodden bis zu der engen Stelle, (1 km) zwischen Steinort und Trog-Insel, wo eine Fähre die Verbindung bildet zwischen Rügen und Hiddens-Oe. Es sind weite, mächtige Wasserflächen, die wir durchschneiden, und doch wie schmal das überall mit roten oder schwarzen "Pricken" genau abgetonnte Fahrwasser! Die ausgedehnte "Watten-Bildung" hier an der Westküste von Rügen, auf der auch für die Gewässer sehr gewissenhaften Generalstabskarte genau verzeichnet, ist in natura bei schwerem Westwind nicht zu erkennen. Um so schwieriger war das Segeln, ein besonderes Kunststück jedesmal das Ankern oder gar Landen mit unserm Tiefgang von 1.90! Unser Ziel war für heute Breege, der nordöstlichste Wasserwinkel von Rügen. Wegen der Unsicherheit des Fahrwassers jedoch und bei der Sehnsucht nach Ruderarbeit gingen wir bei der Wittower Fähre vor Anker, an der Stelle, wo die Kleinbahnlinie Bergen—Altenkirchen mittels Trajekt die Meerenge zwischen der Hauptinsel und der Halbinsel Wittow übersetzt, und bestiegen die Hertha. Wie eine Erlösung wirkte es, daß wir nun endlich wieder nach Herzenslust überall fahren konnten. In anderthalb Stunden, gegen 1 Uhr nachmittags war Seebad Breege erreicht. Die Hertha wurde auf Land gezogen, dem Herrn Hafenmeister übergeben und bei Lockenwitz Quartier genommen, einem kleinem, hart am Breeger Bodden gelegenen vortrefflichen Gasthof, dessen Wirt für unser Behagen tat, was er konnte; ein vorzüglicher Braten von Wildente zierte unsern Mittagstisch. Der Reichtum an Wasservögeln ist überall auf Rügen bedeutend. Im Winter gibt es besonders lohnende Jagd auf Wildschwäne, von denen der verstorbene Vater unseres Wirts "Federn für 21 Stand Betten" erlegt hatte! Das Wetter war kühl und regnerisch — die eigentlichen Wasserfreuden kamen deshalb immer noch nicht recht zur Geltung. Man muß die Feste feiern wie sie fallen — wir griffen somit in diesen Tagen statt zum Ruder gern zum Wanderstab. Und wahrlich, wie viel Schönes bietet hier oben das Rügensche Festland! Zwei Kilometer von Breeg liegt Altenkirchen. Dort weilte auf Sommerfrische mit Familie beim Schwiegervater (Superintendent Schulz) der Professor Meinhold, früherer Lehrer und väterlicher Freund meines ältesten Sohnes, hierorts bekannt und gepriesen als Verfasser des prächtigen Büchleins: "Aus Arkonas Fremdenbüchern"*), in welchem er, zum Teil an der Hand der eingetragenen historischen Besucher, einen Ueberblick gibt über alte und neue Geschichte dieser Nordwarte deutschen Landes.

Nachmittags besuchten wir das trauliche, strohgedeckte Pfarrhaus, in welchem bei einem Vorgänger des jetzigen Inhabers Ernst Moritz Arndt als Hauslehrer wohnte, und verabredeten für den nächsten Tag einen Ausflug nach Hiddens-Oe.

31. Juli.

7 Uhr vormittags mit Dampfer Caprivi in einer Stunde nach Fährstelle Hiddens-Oe. Die Schreibart Hidden-See ist ebenso unglücklich wie die in "Meyers Ostsee-Bädern" gegebene Erklärung des Namens als "Hütten-Insel". Unstreitig steckt in "Hidden" der altnordische Göttername Hidda, Hilda, von dem m. E. auch Eldena — "Hildenaha" — "Wasser der Hilda" (wohl der Ryk) abgeleitet werden muß; cf. Werra, Fulda, Bebra (Biber-wasser) Flußnamen, in denen überall die alte Endung "aha", althochdeutsch = Wasser, zu erkennen ist; lat. = aqua, vergl. auch "Ache".

Die Ausbootung aus dem Caprivi war schon recht "interessant". Der Sturmwind blies wieder von Westen, wir kreuzten eine halbe Stunde, ehe wir ans Ufer kamen. Dann gings über grüne Wiesenmatten, von weißen Wanderdünen durchsetzt, vorbei an einigen der hier typischen "Raucher-Katen" über die schmale Landzunge einer prachtvollen Brandung entgegen; weiter am Strande ent-

---

*) Verlag Friedrich Regel, Stettin. Mk. 0.50.

lang über Vitte, dem malerischen, echt nordischen Fischerdorf zum „Kloster", dahinter zum wild zerrissenen Hochland des „Dornbusch". Der Blick von der Spitze dieses Berges mit dem Leuchtturm ist eigenartig schön, wie ich nirgends ähnliches sah. Im Süden die Pommersche Küste mit den Türmen von Stralsund, im Osten das Rügenland mit seinen gewaltigen Binnenmeeren, der Kreidelandschaft von Jasmund, dem Rugard, den zwei Feuertürmen von Arcona, im Westen und Norden die tosende, weißschäumende Ostsee, am NW.=Horizont die weißen Klippen der dänischen Insel Moen. Und dazu der brausende Sturm, der uns kaum aufrecht stehen ließ — für dieses Landschaftsbild konnte das Wetter nicht charaktervoller, nicht schöner sein — und dabei beschränken sich die meisten Besucher Rügens auf seine Ostküste! — Die „Germania" brachte uns von Vitte durch den Rassower Strom nach Wiek; von hier gings zu Fuß zurück nach Altenkirchen-Breege.

1. August.

Schön Wetter. Die Lacerta war vor Breege eingetroffen. Nachmittags Segelfahrt mit Familie Meinhold über den Großen Jasmunder Bodden nach der Bucht von Ralswiek; dazu einige Damen aus dem nahegelegenen Lankensburg, wo wie Gastfreundschaft genossen hatten. Bewirtung an Bord. Hohe Stimmung, Sonnenschein, sanfter Zephyr; herrliche Fahrt. Aeußere Besichtigung des prachtvoll gelegenen, dem Grafen Douglas gehörigen Schlosses mit Park. Der Bodden hat bis nahe an das Ufer eine Tiefe von ca. 3 m, die Einfahrt zur Bucht von Ralswiek ist „abgeprickt", schwierig ist nur die 1 km lange schmale Verbindungsstelle mit dem Breeger Bodden. Ich hatte aber doch der Vorsicht halber einen Breeger Fischer mitgenommen. Die Einfahrt verlief tadellos; aber die Rückkehr! — zur Einleitung fuhr uns der einheimische Lotse aus bloßer Unachtsamkeit, Ueberfahren der Ausfahrt-Tonnen, über einen Felsen, sodaß die Lacerta einen heftigen Stoß erhielt und dann begann ein Unwetter, NW.=Sturm mit Regen, der alles bisher auf der offenen See Erlebte noch übertraf. Das „Unterseeboot" machte seinem Namen Ehre, die Spritzer segten nur so über Bord, das Oelzeug reichte nicht für alle. Mitten auf dem Bodden mußten wir vor Anker gehen und Segel reffen. Die Damen benahmen sich sehr tapfer, waren aber naß wie die Katzen, in die enge Kajüte wollte keine gehen, dort winkte die Seekrankheit. Vor dem Kentern schützten uns zwar 80 Ztr. Blei in Kiel, aber wir hatten Aussicht, noch etwa zwei Stunden gegen NW. anzukreuzen. Ich mochte die Verantwortung solcher Weiterfahrt nicht tragen, kommandierte Kehrt und ließ den Kutter vor dem Winde in sausender Fahrt nach Ralswiek zurücklaufen, wo wir als „Schiffbrüchige" 8½ Uhr abends unseren Besuch im Schlosse machten und freundlichst Aufnahme fanden. Unsere Gäste erreichten uns in der Nacht über Silenz-Trent-Wittower Fähre die Heimat; wir glücklichen Inhaber des „Unterseeboots" fuhren am andern Morgen mit dem Benzin-Motor des Grafen D. nach Lietzow und kehrten über Sagard und die „Schaabe" teils zu Fuß, teils mit Einspänner nach Breege zurück. Die Lacerta blieb wegen des anhaltenden Sturmes noch einen Tag länger im Hafen von Ralswiek.

2. August.

Der Sturm dauerte an, noch immer kein Wetter für Wasserfreuden. Wir machten deshalb einen Land-Ausflug nach Arcona, wieder geleitet von unserem Freunde und Spezialisten Meinhold. Beim Fischerdorfe Vitt besichtigten wir den tiefen Landeinschnitt, der zur Ergänzung des nicht mehr ausreichenden Saßnitz als Torpedo-Station von unseren Marinebehörden in Aussicht genommen ist; wanderten am hohen Küstenrande weiter zur Jaromarsburg, dem alten wendischen Burgwall, in welchem der Tempel des Swantewit stand, des höchsten Gottes der Wenden, das größte Heiligtum der norddeutschen Slaven. Mit Erstürmung der Burg 1168 durch Waldemar I. von Dänemark und Zerstörung des Götzenbildes fand das Christentum Eingang auf Rügen. Das Bildnis beschreibt der dänische Geschichtsschreiber Saxo-Grammaticus als hölzernen Koloß mit vier Köpfen, in der Rechten ein Trinkhorn, welches der Oberpriester am Tage des großen Erntefestes mit Meth füllte, um aus dessen Verdunstung innerhalb Jahresfrist gutes oder schlechtes Gedeihen der Feldfrüchte zu prophezeien.

Dann gings hinauf zum neuen Leuchtturm, neben dem alten im Jahre 1902 erbaut, der durch einen 15 Meilen über Land und Meer strahlenden elektrischen Scheinwerfer das schönste Blicklicht wirft, das ich bisher an Leuchttürmen erschaute. Die Aussicht von hier ist großartig und umfassend, erreicht aber in bezug auf wechselvollen Reiz des Landschaftsbildes nicht diejenige vom Turme auf Hiddens-Oe. Ueber Putgarten (Pod-gorod = „am Fuße der Burg") nahmen wir den Rückweg und verlebten abends im trauten Pfarrhause zu Altenkirchen noch gemütliche Stunden.

Schloß Lichtenstein am Jasmunder Bodden.

3. August.

Unser Segelbedarf war nach den vorgestrigen Erfahrungen bis auf weiteres gedeckt. Wir entnahmen der Lacerta das notwendigste Gepäck und vertrauten uns für die Weiterreise der Hertha an und unseren Ruderarmen. Der Wind blies heftig und unentwegt von Westen; der Breeger Bodden mußte „mit Vorsicht" passiert werden, d. h. langsam unter unausgesetzter Beobachtung des Wellenganges. Dann aber gab es eine prachtvolle Fahrt an der bergigen Westküste des Gr. Jasmunder Boddens, auf dem wir uns dauernd hart am Lande unter Windschutz hielten. Die eigenartigen Verhältnisse der Küste und des Fahrwassers innerhalb von Rügen eignen sich durchaus besser zum Rudern als zum Segeln; mit Benutzung des Uferschutzes und der Wattenbildung wird man sich jeder Windrichtung anpassen und die großen Binnenseen sämtlich durchqueren, mit gelegentlichem Transport des Bootes über eine der schmalen Landzungen überall hingelangen, und nach Belieben aus dem Bodden in die offene See hinaus wechseln können.

An Ralswiek vorbei gelangten wir sodann zur Lietzower Schleuse, wo der große und kleine Jasmunder Bodden durch einen etwa 50 m breiten künstlichen Damm geschieden sind, auf welchem Chaussee und Eisenbahn Saßnitz—Bergen laufen. Im Gasthof Heidemann fanden wir gutes Quartier.

4. August.

Hoch über dem Fischerdorf Lietzow liegt Schloß Lichtenstein, ein kleines Modell der durch Hauffs Erzählung berühmt gewordenen Burg in Schwaben. Von seinem hohen spitzen Wartturm genossen wir an diesem klaren sonnigen Sonntagmorgen einen großartigen Rundblick über die gewaltige Wasserfläche des Großen J.-Boddens mit seiner meerartigen Küstenbildung und den kleinen J. Bodden, der mit seinen kulissenartig vortretenden Ufern und bewaldeten Halbinseln an die schönsten oberitalienischen Seen erinnert. Leider erscheint dieser prächtige Wohnsitz, seit dem vor einigen Jahren erfolgten Tode des Besitzers, eines Berliner Bankinhabers, unbewohnt, dem allmählichen Verfalle geweiht; es ist billig zu kaufen!

Wir zogen unser Fahrzeug durch die Schleuse und ruderten südwärts über smaragdgrüne Flut. Das Wasser des großen Boddens ist noch salzig, der kleine Bodden hat Süßwasser von auffallender Klarheit. Am Heidehof in der SO.-Ecke nahmen wir das Boot auf die Uferwiese, frühstückten in Försterei Prora, ermieteten für 2 M. einen Leiterwagen mit Stroh, verluden die Hertha, fuhren mit ihr über die hier 1 km breite Landenge der Schmalen Heide und warfen sie in die Ostsee. Sanfter Landwind kräuselte das „Prorer Wiek"; eine friedliche Fahrt von einer Meile brachte uns nach Binz; wo die Hertha im Herrenbade freundliche Aufnahme fand.

Die Hertha geht über Land.

5. August.

Die Verbindung mit unserer Lacerta war inzwischen verloren gegangen. Ihr braver Kapitän reagierte weder auf Telephon noch auf Telegraph; eine Depesche nach Breege, wo er auf Drahtorder warten sollte, kam unbestellbar zurück. Vorgreifend sei hier gleich berichtet, daß er beseelt von der „Initiative des Unterführers" „ohne Order" abgesegelt war. Dadurch war natürlich jede Verbindung unmöglich geworden und unser seefähiger Kutter gondelte mit seinen 80 Zentner Blei am Kiel allein nach Hause, d. h. ich traf ihn auf einer späteren Dampferfahrt am 9. August zwischen Saßnitz und Swinemünde. Ueber seine Langsamkeit usw. zur Rede gestellt, behauptete der Bootsführer, er habe wegen Wind und Wellen nicht anders segeln können.

Ueber die „Schmale Heide" zur Ostsee.

So waren wir denn auf unsere treue Hertha angewiesen und wahrlich, sie hat uns nicht im Stich gelassen.

Es handelte sich für mich um einen wichtigen Entschluß: kann ich, darf ich im Sportboot von Rügen über die offene See zur pommerschen Küste fahren?! Vorgänge und Beispiele gibt es für so etwas nicht — meines Wissens hat es noch niemand gemacht.

Damit ist aber noch nicht gesagt, daß es nicht geht. Aehnlichen früheren Entschlüssen habe ich stets das Prinzip zu grunde gelegt: nicht mutwillig Gefahr aufsuchen, aber auch nicht alles als Gefahr ansprechen, das andern so erscheint, sowie solche Gefahr bekämpfen mit den Mitteln der Erfahrung und Ueberlegung.

8,15 fuhren wir aus dem Binzer Herrenbad aus und erreichten 10,15 mit gemächlichem Ruderschlag nach 15 km das Vorgebirge des „Nord=Peerds" bei Göhren. Bei Fortsetzung der Küstenfahrt wären wir nach weiteren 7 km zum „Süd= Peerd" bei Thiessow gelangt und hätten von dort zu dem wieder 7 km entfernten „Ruden" übersetzen und dann in der Peene sicheres Fahrwasser erreichen können. Oder — wir fuhren stracks zur Oie hinüber — —? Das Wetterglas stand günstig, war heut früh noch gestiegen; kaum ein Wölkchen am Himmel, ein sanfter Südost kräuselte hin und wieder die Flut, im

Vom „Nord=Peerd" zur Oie.

Uebrigen „glatt wie Oel lag die See". Am Horizont lugte aus dem Nebel der Feuerturm der Oie, etwa halbwegs zu der zwei Meilen entfernten Insel waren einige Fischerboote sichtbar, ihre weißen Segel wie ruhende Schwäne regungslos auf dem Wasser. Dies alles zusammengenommen ließ nach menschlicher Berechnung Gefahr von Wind und Wellen innerhalb der nächsten zwei Stunden ausgeschlossen erscheinen. Drum „fertig, legt aus, los, Richtung Helgoland"! Es klappte und stimmte; ab Nordpeerd 10.40, an Oie 12.35. Welch wunderbare Ruderfahrt! So wie wir mögen die alten Wickinger ausgelugt haben, wenn sie auf der Reise von den nordischen Schären nach Sicilien kalkulieren und wählen mußten zwischen „Küsten=Bogen" und „Küsten=Sehne", wenn sie auf den Windkanten ihrer Drachen die Schilder schichteten und so dem Einschlagen der Wellen wehrten.

Wir erreichten den Oie=Hafen ohne jede Fährnis und nahmen beim See=manns=Vater ein gutes Frühstück, welches der Jugend den Mut eingab, auch ferner 15 km bis ans Festland bei Carlshagen zu rudern. Hiergegen aber mußte sich das Alter setzen. Mittlerweile war doch eine leichte Briese aufgekommen; in dem dunstigen Wetter war die Küste kaum zu erkennen, vor allem fehlte auch eine scharfe Landmarke, wie sie am Vormittag für die Ueberfahrt der Leuchtturm geboten hatte und die unentbehrlich ist, um bei solchen Ruderfahrten über offene See große Umwege zu vermeiden. Endlich waren auch nicht, wie heute Vormittag bei der Windstille, größere Fahrzeuge sichtbar, die Zuflucht gewähren konnten.

Aber wir wollten heute doch noch vorwärts kommen und einigten uns deshalb mit einem Fischerkutter, der im Oie=Hafen ankerte, auf die Ueberfahrt nach Carlshagen für 12 Mark. Besonders ruhmreich war's ja nicht, sich schleppen zu lassen, aber dennoch schön und manchmal ist nach Fallstaff „Vorsicht der Tapferkeit besserer Teil". Einen spaßigen Zeitvertreib bot das wechselseitige Photographieren, vom Kutter zur Hertha und umgekehrt. — Vorher, am Ostrand der Oie, war auch Terrie, der Seehund, auf einsamem Felsriff geknipst worden.

6 Uhr 30 Min. abends gelangten wir in die Höhe von Carlshagen; hier kappten wir das Verbindungstau mit dem Schlepper und hatten dann noch etwa

Die Hertha in Schlepp.

eine Meile stramme Ruderarbeit gegen einen frischen Südost bis Zinnowitz, wo wir wiederum Jungfer Hertha im Herrenbade übernachten ließen — es badete aber niemand mehr. Gutes Quartier wurde bald gefunden; das wohlverdiente Nachtmahl im Kurhaus war vortrefflich, wie denn überhaupt Zinnowitz nach vielen Richtungen den Vorzug vor den meisten Ostseebädern mir zu verdienen scheint.

6. August.

Die gestrige Wickingerfahrt — Binz—Zinnowitz — war doch eine starke Leistung gewesen; das Rudern mit Auslegern im rauhen Wasser erfordert bedeutend mehr Anstrengung als die Arbeit auf glatter Fläche, und stets gespannte Aufmerksamkeit für Sculls und Steuer. Wir schliefen lange, erfrischten uns im Bade, genossen Musik und Badeleben. Erst Mittag stachen wir wieder in See und erreichten um 5 Uhr Swinemünde (25 km). Das Wetter blieb schön und ruhig; wir hielten uns meist 1—2 km vom Ufer. Dort stand

„Geschleppt!" (zwischen Oie und Carlshagen).

eine leichte Brandung, von welcher wir bei der genannten Entfernung ganz unbehelligt blieben; auf der offenen See sind Wind und Wasserbewegung der Fahrt im Sportboot weniger hinderlich als auf den Binnengewässern. Die großen langen Wogen, so lange sie nicht überkämmen, schlagen nur ins Fahrzeug, wenn es sie durchsticht oder durchschneidet; dies zu vermeiden, ist eine anstrengende aber hochinteressante Arbeit, welche als ein besonderer Sport meines Erachtens durchaus seine Berechtigung hat, und — mit ruhiger Ueberlegung betrieben — außergewöhnliche Gefahr nicht mit sich bringt.

Einer Sache möchte ich hier am Ende unserer „Meerfahrt" noch Erwähnung tun: des Segelns im sportlichen Ruderboot. Auch dieses hat — „mit ruhiger Ueberlegung betrieben" — keine Bedenken. Es ist eine herrliche Erfrischung nach stundenlangem Ziehen im Rollsitz, sich von achterlichem Winde treiben zu lassen. Aber hat unsere Jugend, und für sie müssen wir Alten in erster Linie denken, sorgen und — schreiben, immer „ruhige Ueberlegung"?? Ich möchte überhaupt den Segelsport den älteren „Wasser-Semestern" vorbehalten wissen; anderseits die vorgenannte Erfrischung bei Dauerfahrten auch den Jungen gönnen.

Da habe ich nun als alter Wasserpraktikus (im 112. Semester!) einen Ausweg gefunden, den manches technisch hochgebildete Mitglied vornehmer Yacht-Klubs belächeln möge, der aber nichtsdestoweniger auch die „Erfahrung" auf seiner Seite hat: den Regenschirm. Wir führten ein großes graues Exemplar bei uns, unter dem eine nicht zu zahlreiche Familie „Kaffeekochen" kann, Radius etwa anderhalb Meter. Und wir haben mit ihm gesegelt, daß es eine Freude war. Besonders auf dieser Schlußfahrt bei Swinemünde sind wir, mit einem steifen NW. direkt hinter uns, an den Badeanstalten und der Wester-Mole vorbei mit der Hertha in die Swine hereingesaust, während die Meereswogen unseren niedrigen Bord um das Dreifache überhöhten, ohne einen Tropfen hereinzukriegen, — sobald wir ruderten, nahmen wir Wasser über! —

Die „Wickingerfahrt" hatte ihr Ziel erreicht. Das Haff war uns noch vom Vorjahre bekannt; die Ferienzeit zu Ende. Die Hertha wurde auf einem Lokaldampfer nach der Heimat verfrachtet. Mit besonderem Interesse las ich später daheim in „Fluß und See" von Nr. 19 des „Wassersport" das „Tourenrudern auf See". Ich grüße hiermit aufs herzlichste den anonymen Verfasser und unterschreibe gern seine Ratschläge an unsere Sportkameraden, vor allem sein Bedauern, daß die vielen auf der Oder zu Tal fahrenden „Wander-Ruderer" immer schon in Stettin ihre Boote nach der Heimat verfrachten, statt auch mal über das Haff zu fahren und sich weiter möglichst weit an der „Pommerschen Küste entlang zu tummeln". Möge auch meine Reiseerzählung dazu beitragen, die „Gefahren" zu vermindern, die dem Ruderer auf dem Meere drohen, die Zahl unserer „Seefahrer" vermehren und zur Verbesserung der Technik des Seeruderns anregen. Möge aber auch jedermann dabei eingedenk sein, daß er mit Unverstand und „naßforschem" Gebahren nicht nur seine eigene Haut zu Markte trägt; daß vielmehr mit jedem „Ruder-Unglück" unsere „Gegner" Oberwasser kriegen und damit unser Leben und Streben schwer geschädigt wird. Mehr als auf anderen Gebieten gilt für uns der Horazische Spruch in der Bootshalle der vereinigten Gymnasial-Ruderver- eine am Wannsee:

Aequam memento
Rebus in ardius
Servare mentem!

„Terrie", der einsame Seehund.

Vom Wannsee nach Hamburg im „Damenskuller".

Ein Beobachter der Freibäder von Groß-Berlin beschreibt seinen „überwältigenden Eindruck, wie verheerend die moderne Kultur auf die körperliche Entwicklung der Menschen einstürmt — auf dreißig mißgestaltete kommt kaum ein gutgewachsener; die traurigsten Bilder aber bieten die Frauen!" Wie könnte dies anders sein! die Sünden vieler Jahrhunderte des „finstern Mittelalters", die Scheu vor Luft, Wasser und Seife, der Rückgang des Badebetriebes seit dem dreißigjährigen Kriege, der grobe Unverstand der Masse für Körper- und Hautpflege, die Torheiten der Ernährung sowie die wahnwitzige Tyrannei der Kleidermoden, der Schmutz von Puder und Schminke, der Zwang der Schnürbrüste — erst in unseren Tagen scheint die Menschheit sich auf sich selbst zu besinnen, und Rückkehr zu den einfachen klaren Gesetzen der Natur bahnt sich langsam an. Sport und Abhärtung dringt kräftig vor bei der einen Hälfte unserer Rasse, aber die andere, die schönere? Immer wieder hört man den trüben Einwand: „die Mädchen haben das nicht so nötig, ihre Natur ist anders geartet" — gerade das Gegenteil ist der Fall, sie haben diese Fürsorge viel nötiger, der männliche Beruf bringt weniger Gefahren der Entartung, und der große „Riesendoktor", die allgemeine Wehrpflicht, wird selbst in England nicht, wie das allgemeine Stimmrecht, von den Frauen erstrebt werden.

Es ist deshalb heilige Pflicht eines Jeden, der hier wirken kann, den Frauen den Zugang zu jeder Art Sport zu erleichtern, der nicht das feinere Empfinden verletzt, welches nach wie vor die Grenzen für das zarte Geschlecht hier etwas enger zieht als für das starke. Auch wird auf keine Weise die übertriebene Tanzsucht, das Drehen um die eigene Achse in heißen geschlossenen Räumen ganze Nächte hindurch, besser bekämpft, als mit der Freude an sportlichen Uebungen in freier Luft. Das sportliebende Mädchen wird ganz von selbst am Tanzfanatismus verlieren. Und das beste hiervon ist das Rudern im Rollsitz; von Aerzten und in Sanatorien empfohlen, in orthopädischen Anstalten „auf dem Trocknen" betrieben, verdient es für die Frauen den Vorzug von jeder Sportart, indem es die wichtigsten Muskeln und Organe des weiblichen Körpers kräftigt. Das „Damenrudern" ist ja denn auch allmählich in Schwung gekommen, wenngleich in den „oberen Gesellschaftskreisen" es schwer Eingang findet, und törichter Weise grade gegen die Bewegung im Rollsitz „ästhetische" Einwände vorgebracht werden. Hoffen wir, daß wie damals bei Beginn des Radelns der Frauen, mal eine wirkliche Prinzessin sich für den Rollsitz erklärt und dadurch mit einem Schlage auch diesen Sport „fashionable" gestaltet. Als Probe jedoch sei nachstehend eine Damenfahrt erzählt und zur Nachahmung empfohlen.

Im Rahmen unseres „Ruderklubs am Wannsee" waren meine Tochter und Nichte, im vorigen Jahre mit dem „Kasten" beginnend, im sportlichen Rudern vorschriftsmäßig ausgebildet, wozu etwa dieselbe Zeit gehört, wie zur Erlernung des Schwimmens. Zu uns gesellte sich Frl. O., gleichfalls vom R. a. W. Als fünfter im Boote fehlte auch diesmal nicht Terrie, der „wachsame Seehund".

Sonnabend, 3. Juli.

Abfahrt 8.40 von meiner Wohnung am Wannsee mit „Ibis redivivus", der sich seit der Freien Rheinfahrt aus einem „Rob Roy" zum Doppelskuller ausgewachsen hat, Länge 7,25, Breite 1,05, Charnier=Ausleger, Dupler=Rollsitze, Lehne mit Stabgitter, ungedeckt, am Steuer bequem Platz für zwei, Preis M. 500, ein ganz vorzügliches Reiseboot aus der Bootswerft von W. Deutsch, Stralau bei Berlin, das sich vor allem durch große Sicherheit in „rough water" auszeichnet.

Ausrüstung: für jeden ein Rucksack, gemeinsam verstaut im Heck in großem wasserdichten Sack, einer Handtasche zum Umhängen, Oelmantel (Angirin) und Südwester von Schindler, Berlin, Oranienstr. 24, 4 kleine und „der große" Regenschirm von anderthalb Meter Dachweite. Karten: Liebenow 1 : 300000, Berlin 60, Wittenberge 46, Hamburg 33. Generalstabskarte 1 : 100000 (mit Wasserblau!) Potsdam 293, Brandenburg 292, Rathenow 267, Stendal 266, Havelberg 241, Wittenberge 240, Lenzen 212, Dannenberg 211, Lauenburg 179, Harburg 178, Hamburg 146. Der Raum unter dem Steuersitz bildet die Speisekammer.

Damit wir uns am ersten Tage nicht zu sehr anstrengten, hatte die „Hedwig" (mein Motor) die Güte, uns bis an den Rand des Kartenblattes Potsdam, d. h. aus den gewohnten Uferbildern über Nedlitz durch den Sakrow=Paretzkanal heraus zu schleppen bis Ketzin, das wir 10.30 erreichten. Gegenüber dem Ort wurde das erste Frühstückslager bezogen und dann gegen Mittag nach Heimsendung des „Benzinkessels" mit vollem „enthousiasme du départ" zu den Rudern gegriffen. Auf dem Ruhesitz führte einer das Steuer, der andere die Karte, welche unablässig studiert werden mußte, um durch das Seen und Inseln bildende Bett der Havel hindurch zu finden. Ich hatte ja vorher meine „Mannschaft" sorgsam erprobt, war aber doch noch über den flotten Ruderschlag erstaunt, mit dem die 23 km bis Brandenburg erledigt wurden, zumal von Strömung kaum etwas zu merken war. So war denn auch hiermit der Bedarf durchaus noch nicht gedeckt, und nach einstündigem Aufenthalt des Durchschleusens an der „Neuen Schleuse" und recht schwieriger Durchfahrt durch den engen nördlichen Flußarm innerhalb der Stadt wurde weiter gerudert, so daß wir schon um 6.30 sechs km unterhalb Brandenburg auf den großen Plauer See hinausglitten. In der Abendsonne erglänzte die herrliche weite Wasserfläche mit ihren zahlreichen „Werdern" und waldumsäumten Ufern. Von ihm aus führt der Plauer Kanal direkt in die Elbe; die Entfernung auf ihm und dann bis zum Einfluß der Havel bei Werben ist etwa dieselbe wie diejenige auf der Havel (100 km). Wir entschlossen uns zur Flußfahrt, weil sie mehr Abwechslung versprach und im Kanal drei Schleusen zu passieren sind, welche der Reisende im Boot nach Möglichkeit vermeidet.

Unser heutiges Quartier durften wir im Schloß Plauen aufschlagen (an 7.15), dem uralten stolzen Herrensitz der Grafen von Königsmark in der Nordwestecke des Sees, für dessen verwandschaftliche Gastfreundschaft der Dank hiermit wiederholt sei. Auch die Ibis fand vortreffliche Aufnahme im Bootshause des Parkteiches, der durch einen schmalen Kanal mit dem See in Verbindung steht. Von dem hoch über dem Wasser gelegnen mit Epheu dick umrankten Schloßaltan genossen wir Abends einen wunderbaren Blick auf den See, dessen Spiegel das Licht des Vollmondes durchleuchtete. Das geistige Auge aber schaute zurück in die vergangenen Zeiten und das wechselnde Geschick des Schlosses und der Schloßherren von Plauen. Ursprünglich im Besitz der Bredows wurde Plauen Anfang des 15. Jahrhundert von den „Quitzowern" als Heiratsgut erworben, welche damals auf der Höhe ihrer Macht noch 14 andere Schlösser nebst vielen festen Plätzen in der Mark besaßen, und Stadt und Land derartig terrorisierten, „daß die Bürgersleute es kaum gewaget haben, bei Gefahr ihres Leibes und Lebens vor den Toren ihrer Stadt spazieren zu gehen" (Chronik Wusterwitz). Als dann Burggraf Friedrich, der „Tand von Nürenberg" die Mark reinfegte, wurden auch die dicken Mauern vor Plauen, auf denen Johann von Quitzows „große Zuversicht stund" von der „großen Büchse" zusammen geschossen. Der finstere einäugige Besitzer aber, der einst sogar den Mecklenburger Herzog in sein Burgverließ warf, mußte sich auf der Flucht in Havelröhricht verstecken, wurde durch das Wiehern seines Rosses verraten und in seiner eigenen Schloßkirche „in den Stock gesetzt".

An die Stelle der verjagten Schloßherren traten dann Amtshauptmänner mit strengen Zollrechten über das von Alters her wichtige Land- und Wasser-Defilee von Plauen. Zwischen Brandenburg und Rathenow durfte keine andere Brücke über die Havel führen, auch keine Fähre gehalten werden. Noch in der Mitte des 19. Jahrhunderts war hier eine von Pächtern vielbegehrte Zollstätte. Vom letzten dieser Pächter, dem alten Gerimski, erzählt Fontane, wie er auf stets im Schuppen neben dem Zollhaus gesattelt stehenden Klepper den sich um den Zoll drückenden Handwerksburschen nachjagte, ihnen die Mütze abpfändete und bei seinem Tode eine Truhe voll Handwerksburschen-Mützen hinterließ. Am Ende der Brücke, deren schön gemauerte Bogen sich vor uns aus den Fluten der Havel erheben, stand die Schanze, von der aus 1414 die „faule Grete" ihre Steinkugeln gegen das Schloß schleuderte.

Im 16. Jahrhundert wurde Plauen wieder herrschaftlicher Besitz und war nach einander in Händen der Saldern, Arnims, Görnes, von Lauer-Münchhofens, seit 1839 der Königsmarks. Das Schloß von heute ist noch der Bau, den Friedrich von Görne 1711—15 auf den Trümmern der alten Mauern aufführte; er ließ auch die während des dreißigjährigen Krieges zerstörte Brücke wiederherstellen. Von der alten „Raubritter-Burg" ist nichts mehr zu sehen, Wall und Graben sind geebnet, auch der Hauptturm, in dem der Herzog von Mecklenburg ein Jahr gesessen hatte, wurde abgetragen, nachdem König Friedrich Wilhelm I. den Schloßherrn, der ihn gastlich empfing, gefragt hatte, „warum er den eigentlich habe stehen lassen, etwa, um auch mal einen Markgrafen darin festzusetzen?" Doch wird das unterirdische Gefängnis noch gezeigt. Das Innere des Schlosses mit seinen Kunstschätzen und dem hochinteressanten riesigen Ahnensaal hat Fontane in seinen „Fünf Schlössern" mit der ihm eigenen Liebe für märkische Vergangenheit geschildert. In besonderer Erinnerung blieb mir ein getäfeltes Zimmer mit Arbeiten aus der berühmten Plauer Porzellan-Manufaktur, die ebenfalls jener Friedrich von Görne ins Leben gerufen hatte, und die nach ihm wieder verfiel; in demselben Zimmer wurde „Kronprinz Fritz" 1717 auf der vorgenannten Reise von seinem Vater zum Kapitän ernannt.

Sonntag, 4. Juli.

„An der Havel kühlem Strande
  Stehen Burgen stolz und kühn —
so winkten wir früh bei der Abfahrt unsern Gruß zum Schlosse hinauf. Warm schien die Sonne, kühl wehte die Luft, in den Dörfern läuteten die Kirchenglocken. Bis Pritzerbe wurde gerudert. Der hier 3—500 Meter breite Fluß geht noch immer ziemlich träge, weshalb wir trotz besten Mutes zweifeln mußten, ob die vollen 85 km bis zum heutigen Ziele Havelberg zu bewältigen seien. Wir verschafften uns deshalb eine „angenehme Abwechslung" dadurch, daß wir an einem der Nachen uns anhängten, welche stets den Schluß der Dampfschleppzüge bilden, die hier zahlreich hinabfahren. Trotz des Plauen-Kanals nimmt die Schiffahrt „zu Tal" meist die alte natürliche Wasserstraße. So wurde 1.15 Rathenow erreicht, wo wieder eine Schleuse zu passieren war; auch hier hat man die Wahl zwischen der alten östlichen und der neuen westlichen. Wir wählten die erstere nahe der Stadt, um gleichzeitig telephonisch in Havelberg Quartier zu bestellen. Der Herr Schleusenmeister verlangte den Schein über das Passieren der vorigen, Brandenburger Schleuse, den ein dortiger Kollege mir nicht eingehändigt hatte. Das Versäumnis mußte durch zeitraubende Aufnahme einer Verhandlung nachgeholt werden; jedem Flußreisenden sei deshalb das Studium der zopfigen Schleusenbestimmungen empfohlen.

Die Geschichte von Rathenow bietet wie die von Plauen viel des Charakteristischen, an die „dunkelsten Tage des finsteren Mittelalters" wird man erinnert durch ein Relief des „Massakre von Rathenow" auf dem Sockel eines Denkmals nahe der Schleuse, die fürchterliche Behandlung darstellend, welcher der Erzbischof von Magdeburg im 14. Jahrhundert die unglückliche Stadt unterwarf. Alle wehrhaften noch übrig gebliebenen Männer mußten nach der Einnahme dem persönlich heranziehenden Kirchenfürsten entgegenrücken, wurden dann durch Schließung der Stadttore hinter ihnen ausgesperrt, Weiber, Kinder, Greise und Kranke nachgetrieben, so daß fast die ganze Einwohnerschaft des Ortes im kalten Winter ohne Obdach und Nahrung vor den Toren ihrer eigenen Stadt umkam, während drinnen der Herr Erzbischof mit dem ihm verbündeten Kriegsvolk „was noch übrig geblieben aufgefressen und vertrunken, zuletzt aus den leeren Fässern ein Freudenfeuer gemacht" — so der Chronist Wusterwitz. Neben diesem Seelenhirten erscheinen freilich die märkischen Raubritter noch sanfte Lämmer und Fontane hat Recht, wenn er deren Auffassungen mit „Anschauung und Gebrauch ihrer Zeit" entschuldigt.

Hinter dem Schleppzug hatten wir in der Stunde 7 km, mit eigener Kraft 9 km gemacht. Drum griffen wir nach Rathenow wieder frisch zu den Rudern. Die Havel strömt auch hier noch vielarmig und weitverzweigt durch die Ebene; jedoch ist der Schiffahrtsweg leicht zu verfolgen und an den weithin sichtbaren Kilometertafeln am Ufer gut abzumessen, welche mit „eins" beim Einfluß in die Elbe beginnen. Bei km 42 wurde in Front von Schallehne Vesperpause eingelegt, und schon bei km 30 gegen 6½ Uhr abends grüßte uns am Horizont mächtig emporragend der Dom von Havelberg, 1½ Stunde früher als wir am Fuß des Domberges anlangten, um im Gasthof „zur Stadt Magdeburg" ein vortreffliches Quartier zu beziehen. Das Boot wurde am linken Ufer nahe der großen Brücke auf dem dortigen Holzplatz unter Aufsicht des Herrn Sägemüllers in einem Schuppen nahe dem Wasser bequem untergebracht.

Montag, 5. Juli.

Der Besichtigung des herrlichen Domes war der Vormittag gewidmet; er allein ist wahrlich eine Wasserreise nach Havelberg wert. Die Gründung des Bischofsitzes hier in Slavenlande fällt in das Jahr 946, worauf schon 983 Rückeroberung durch die Wenden erfolgte. Erst 1137 wurde Havelberg als dauernder Besitz für die Mark von Albrecht dem Bären gewonnen. Der jetzt am Westende des Domes stehende Turm, ein Backsteinbau von kolossaler Größe, wurde im 12. Jahrhundert von ihm als Grenzfeste erbaut, daneben ein Holzkirchlein geweiht am 16. August 1170 von Bischof Anselmus, späteren Erzbischof von Mailand. Die heutige Domkirche mit ihren umfangreichen ein ganzes Stadtviertel bildenden Stiftsgebäuden ist eine Gründung der Praemonstratenser unter Norbert von Magdeburg; sie war Anfang des 13. Jahrhunderts als romanische Basilika angelegt mit flacher Decke, die seit 1270 durch gotische Bogen ersetzt wurde. Der herrliche Lettner und die Apsis stammen aus dem 15. Jahrhundert. Das so geschaffene Innere wurde 1884—90 nach Plänen von Adler und Persius gründlich erneuert. Havelberg gehörte zum Bistum Tangermünde, dessen Herrschaft westlich an Elbe-Elde reichte, östlich an Rhin und Peene, südlich an die Stemme, nördlich bis zum „Meere der Rugier". Der letzte katholische Bischof Busso starb 1548, doch blieb auch nach Einführung der Reformation das Domkapitel der Praemonstratenser hier bestehen, bis die Aufhebung der geistlichen Stifte 1819 auch hier vollzogen wurde; bis dahin hatte auf dem Domberg noch immer eine Militärwache gelegen. Die reichbewegte mittelalterliche Geschichte von Havelberg bildet den Hintergrund des vortrefflichen Romans „Suteminne" von Gerhard von Amyntor.

12.12 mittags fahren wir weiter. Wetter trübe und kühl, günstig für Ruderarbeit. Dicht unterhalb Havelberg steht Kilometertafel 14, 2.05 tauchen wir die Ruder in die freie große Elbe. Etwa hier ist der Hauptschauplatz des Ringens zwischen Slaven und Germanen; bei Werben wurden um die Mitte des 11. Jahrhunderts in zwei Jahren hintereinander die beiden furchtbaren Schlachten geschlagen. In der ersten fiel Markgraf Wilhelm von der Nordmark, seine Krieger sämtlich niedergemacht oder in den Strom gejagt; in der zweiten wurden die Wenden vernichtet; rot floß das Wasser am Tage der Rache. Gern möchten wir in der Vergangenheit länger verweilen, vom „Wanderer durch die Mark", unserem geliebten Fontane, begleitet, die nahen Schlösser der Quitzows, Quitzöbel, Rühstädt, auch Wilsnack besuchen mit seiner Wunderblut-Kirche, zu der zweihundert Jahre lang Scharen von Pilgern aus allen Ländern wallfahrteten, — der Strom der Gegenwart führt uns fort, vereint mit dem der Elbe.

Zwar ihr Gefälle ist mäßig im Vergleich zum Rheine, etwa ein Meter auf 8 Kilometer; ihr Wasserstand hierselbst, 300 km von Curhaven, liegt nur 21 m über dem Pegel der Nordsee; die Geschwindigkeit maß ich auf 30 Meter in der Minute. Und doch, welch ein hehres Gefühl, im minzigen Nachen vorwärts getragen zu werden von der Kraft des großen Stromes! Dazu welch fröhlicher Betrieb auf der Wasserstraße. Die Schiffahrt auf der Elbe ist bis aufs Kleinste organisiert; da der Wasserstand im Hochsommer oft niedrig, ist die Fahrrinne durch „Baken" genau bezeichnet. Das sind schwarze weiße und rote rautenförmige Ufertafeln, die Farbe wechselnd je nach dem Hintergrunde der Landschaft. Eine genaue Einhaltung der Vorschriften ist natürlich nötig, um Kollisionen zu vermeiden, die Sperrung des Verkehrs auf längere Zeit zur Folge haben könnten. Beim Ausbiegen und Warten haben die „zu Tal" fahrenden Schleppzüge das Vorrecht, weil sie schwerer halten können als die „zu Berg"; bei plötzlichem Stop würden die den Dampfschleppern angehängten riesigen Lastkähne durch die Strömung in einander getrieben. Stromauf dürfen deshalb auch mehr angehängt werden als stromab, wir zählten bis 15 Fahrzeuge hintereinander. Die Signale der Dampfpfeifen lernten wir auch verstehen: ein Pfiff heißt „rechts fahren", zwei „links", drei „Anker los", wenn plötzliches Halten notwendig. Die Strompolizei wird streng gehandhabt, die Strommeister sind mit ihren kleinen flinken Dampfern viel unterwegs. Ein „Fahrverbot" gibt es jedoch auch bei niedrigstem Wasserstande nicht, nur „Beladungsgrenzen" sind vorgeschrieben. Bei Havarien, Festsitzen etc. sorgen die „Versicherungsgesellschaften" im eigensten Interesse für schnelles Loskommen oder Umladen. Flöße habe ich auf unsrer Strecke gar nicht, Segelfahrzeuge wenig beobachtet, was erklärlich bei dem starken Verkehr im schwierigen Fahrwasser.

Wir fuhren auf der Elbe im Allgemeinen, bei 20 bis 22 Ruderschlägen per Minute, in der Stunde 11 km, im „toten Wasser" sonst nur 8 km, was einer langsamen Droschke gleichkommt, bei der regelmäßigen Ablösung uns flott vorwärts brachte und von vornherein die Zuversicht gab, daß Hamburg durchaus kein unerreichbares Ziel sei. Eine besondere Genugtuung gewährte es, an den mühsam im Zickzack der Baken ihren Weg suchenden Dampfern glatt vorbei zu fahren. In den Krümmungen hielten wir stets die äußere Seite, um den Strom auszunutzen, der hier am stärksten. Günstig und zur Stromreise einladend sind auch die Ufer der Elbe; entsprechend dem ganzen Charakter dieser tadellos gebauten und sauber gehaltenen „Wasser-Chaussee" sind auch zur Vertiefung der Fahrrinne die Buhnen in ununterbrochener Folge mit 50 bis 100 Meter Intervall auf beiden Ufern angelegt. Ohne lange zu suchen, konnten wir überall landen und fanden auf trockenem festen Sande, zwischen den weidenbepflanzten Buhnen, stets die schönsten Lägerplätze. Und das haben wir gründlich ausgenutzt; schon 2.30 bis 3.50 hielten wir heute Mittagsrast und machten 6.00 abends, nachdem die schöne Eisenbahnbrücke von Wittenberg in Sicht gekommen war, wieder eine längere Pause mit Baden und Bootswaschung, in einsamer sonniger Bucht an einer Viehkoppel, wobei nur eine Kuh störte, die stark verwundert auf unseren großen Schirm zusteuerte, hinter dem das „Damenzimmer" errichtet war.

In Wittenberge (39 km von Havelberg) machten wir 7.00 an der Badeanstalt fest, die am Südwestende der Stadt, etwa 300 Meter westlich der Hafenmündung durch eine Fahne markiert ist. Der Ibis fand dort sichere Aufnahme und wir mit den Rucksäcken beladen, erreichten gegen 8.00 Gasthof Germania, ein vortreffliches Quartier, das wir allen Nachfolgern warm empfehlen können.

Dienstag, 6. Juli.

Ab 9.00 vorm. Das Wetter ist morgens klar; mit achterlichem Südwind fahren wir auch heute den Kilometer in 5¼ Minute. Die Stromufer zwischen Lenzen und Dömitz zeigen „holländischen" Charakter und erinnerten mich lebhaft an den Niederrhein mit ihren hohen Dämmen, über die die Giebel der zahlreichen lang am Wasser hingestreckten Dörfer hinweglugen, davor auf der Dammkrone der Kranz der „Boompjes". Unter der riesigen fast 2 km langen Bahnbrücke von Dömitz mit ihren 24 Bogen hindurch gleitend gewahren wir rechts die Einfahrt in den Elde-Kanal; von hier stehen dem Bootsreisenden über Ludwigslust zwei schöne Wasserwege offen; links in den Schweriner See und von ihm durch den „Wallenstein-Graben" zur Ostsee; rechts durch den Friedrich-Franz-Kanal über Parchim auf der Elde weiter in die herrlichen Mecklenburger Binnenmeere des Plau- und Müritz-Sees, von dort nach Rheinsberg-Ruppin oder auf der oberen Havel nach Oranienburg—Spandau, bezw. aufedem Finnowkanal über Liebenwalde—Eberswalde in die Oder. Die Karte gibt eine Uebersicht der Wasserwege.

Bald hinter Dömitz ereilte uns im Vesperlager gegenüber Wendisch—Wehningen ein Gewitter mit Platzregen. Oelzeug und Familienschirm taten ihre Schuldigkeit. Bei starkem Regen empfiehlt es sich, an Land zu gehen, bei schwachem Regen haben wir im Oelzeug weitergerudert, doch ist darauf zu achten, daß die Röcke am Hals, an den Handgelenken und über den Knieen bis auf die Füße hinunter vermittels Knöpfen und Litzen fest schließen. Ueber der Brust muß außerdem die doppelte Knopfreihe so fest und eng sitzen, daß die Ruderenden beim Schwingen des Oberkörpers nicht hinter die Klappen des Rockes haken können. Schließlich wäre, um völlig trocken zu sitzen, noch an dünne bis zur halben Wade reichende Gummistiefel zu denken, die wir jedoch nicht vorgesehen hatten. Jedenfalls ist absolute Regen-Sicherheit unentbehrlich für Behagen und schnelles Vorwärtskommen bei Wasserreisen.

Als heutige Unterkunft war in Aussicht Hitzacker, ein Ort, von dem nichts bekannt war, als seine Eigenschaft eines Städtchens am linken Elbufer; auch glaube ich, daß wenige meiner engeren Landsleute von „Bad" Hitzacker gehört haben. So wurden wir denn auf das freudigste überrascht, hier in der Norddeutschen Tiefebene einen Platz zu finden, der sich durch schöne Gebirgslage ebenso auszeichnet, wie durch Comfort, den er seinen Gästen bietet. Hinter der Krümmung von Wussegel lag er vor uns „Hiddo's Acker", so benannt nach der uralten Siedelung, die Karl der Große hier im „fernen Osten" seines Reiches gründete und seinem frisischen Heerführer Hiddo zu Lehen gab. Auf der Insel zwischen Jeetzel und Elbe wurde der feste Ort gegründet und auf dem 250 Fuß hohen „Weinberg", der hier als letzter Ausläufer des Lüneburger Heiderückens, der Göhrde, sich steil über der Elbe erhebt, stand das Kastell, das in späteren Jahrhunderten Heinrich der Löwe neu erbaute zum Schutz gegen die vordringenden Wenden. Es ist dann in wechselndem Besitz gewesen, hat schließlich, in der Hand des Ritters Hermann Ribe zum Raubnest geworden, eine harte Belagerung der durch Belästigung der Elbschiffahrt erbitterten Fürsten und Städte ausgehalten, ist 1296 erobert, jedoch erst 1464 aus ähnlichem Anlaß endgültig zerstört worden. 1883 wurde eine Stahlquelle und darauf am Fuß des Berges ein Säuerling erbohrt, der unter dem Namen „Juventas" hierorts getrunken und auch verschickt wird; er dürfte sich heilsamer erwiesen haben als das Rebengewächs, das der „Weinberg" im 17. Jahrhundert hervorbrachte und dem, wie der Chronist sagt, i. J. 1713 ein „mitleidiger Orkan" ein Ende bereitete.

Lieblich ist das Landschaftsbild von Hitzacker; auf dem dunkeln Hintergrunde der Waldberge hebt sich das Städtchen mit seinem stumpfen alten Kirchturm reizvoll ab. Wir fuhren nicht in die Jeetzel hinein, sondern brachte 7.00 unser Boot an dem großen Hauskahn der Strombaggerei, dessen Inhaber, Herr Baggermeister, uns mit Gefälligkeit entgegenkam und Auskunft erteilte. Jedem Wasserreisenden möchte ich dringend empfehlen, beim Quartiermachen zuerst möglichst das „nasse Handwerk" zu grüßen, wo er am leichtesten Verständnis für seine „Lage" und Bedürfnisse findet. Ein hübscher Fußsteig führt uns hinauf zum Kurhotel „Waldfrieden", in dessen „Villa Elbblick" wir entzückend wohnten. Von unserm Fenster überschaut man die lange Flucht der schön geschwungenen Waldberge, zu ihren Füßen der mächtig und breit dahinfließende Strom, auf dem rechten Ufer die weite üppige Marsch-Landschaft.

Mittwoch, 7. Juli.

Kühles Wetter, bewölkter Himmel. Schöne Gelegenheit, eine andere Muskelgruppe in Tätigkeit zu bringen; Wanderung über die Berge. Bad Hitzacker hat herrliche Umgebungen; auf halber Höhe des Weinberges bewundert man die „Riesenkastanien" von 20 m Höhe und 25 m Kronendurchmesser mit ihrer aus früheren Wurzeln schlangenförmig ineinander gewundenen Beräftung. Neben dem Weinberg und ihn überragend erhebt sich der Meeschenberg mit dem Kriegerdenkmal, unter ihm der „Alte Kirchhof" mit den Resten einer uralten, aus erratischen Blöcken errichteten Kirche und weiter Fernsicht über Elbtal und Lüneburger Heide. Etwas entfernter liegt der Osterberg, Schloß Dötzingen, die Klötzie, der reich mit Wild besetzte Tiergarten, die „Wolfsschlucht", die hochinteressanten „Hünengräber", alles im „Führer" zusammengestellt, der im Kurhotel zu haben. Jeder Elbreisende, der Zeit hat, wird die Unterbrechung seiner nassen Fahrt auch durch längeren Besuch von „Hiddos Acker" reich belohnt finden. Wir endeten unsern Marsch mit dem Weg durch das originelle Städtchen mit seinen altertümlichen Giebelhäusern und saßen schon 1 Uhr mittags wieder im Kahn.

Auf der ersten schnurgeraden nordwestlichen Strecke von 20 km begleiten die schönen Waldberge noch das linke Ufer, bis Försterei Junkerwerder reichen die Eichen dicht ans Wasser. Dann nimmt die Landschaft wieder den holländischen Charakter an, die Bauernhäuser zeigen die altsächsische lange Form, auch die wohlhabenden mit Schilfrohr gedeckt. 15 km weiter von Boizenburg an mit der scharfen Biegung nach Westen erhöht sich das rechte Ufer. 7.15 erreichen wir Lauenburg; unsere Landung an der Motorfähre ist von strömendem Regen begleitet. Schnell wird der Ibis aus dem Wasser gehoben und im Holzstall des alten „Schifferhauses" geborgen, das dicht am Ufer liegt. Wir selbst kehren ein im „Weißen Schwan", ein Gasthof „auf der Höhe", der schon 400 Jahre im Betrieb sein soll.

Donnerstag, 8. Juli.

Noch überraschender als Hitzacker wirkt die Lage von Lauenburg, „Burg an der Laba" (slavisch-Elbe) 5200 Einwohner — wer kennt sie? Die Fluten umspülen den Fuß altersgrauer üppigberankter Stadtmauern. Dahinter erhebt sich steil ansteigend die Stadt, ihre Straßen in Steige und Felstreppen übergehend, die ganz wie am Rhein zur Schloßruine hinauf führen, Residenz der Lauenburger Herzöge, die 1689 ausstarben. Und unten zwischen den schmalen Gassen eine Fülle überaus lieblicher Ecken und Winkel, alte geschnitzte Giebelhäuser, rote Dächer mit gurrenden Tauben, bedeckt mit Syringen, Rotdorn und Goldregen. Dicht oberhalb der Stadt unterbricht die tiefe Stepnitz-Senke den Höhenzug des rechten Ufers und deutet auf alte Verbindung der Elbe mit der Ostsee, die wohl hier auseinanderfloß wie der Rhein in Leck und Waal an der Schenkenschanz? Im Mittelalter hieß das Südende der Senke Delvenow, d. i. slavisch „Graben" und der nördliche Teil war Stepnitz (slav. „Bachsammler") benannt. Und wie ein künstlicher Riesengraben erscheint der Landeinschnitt von der Elbe her dem Beschauer. Schon im 15. Jahrhundert baute man hier einen Schiffahrtsweg, auf dem das „Lüneburger Salz" zu den salzarmen Ostseeländern gelangte, heute führt durch den „Graben" der schöne Elb-Trave-Kanal, auf dem wir „das nächste Mal" in die Ostsee rudern wollen — inshallah!

Um 9.00 sind wir flott zur Weiterfahrt. Wenn von Potsdam nach Havelberg der „Wanderer durch die Mark" uns führte, so tritt jetzt Professor Linde aus Hamburg als Reisebegleiter an seine Stelle, mit dessen herrlichem Buch „die

Niederelbe" (Velhhagen & Klasing, Bielefeld) ich mich bei dieser Gelegenheit eng befreundet habe, und das Jedem warm empfohlen sei, der nicht der Ansicht ist, daß „man doch eigentlich nur auf dem Rheine zu Wasser reist". Denn im Blitzzug Berlin—Hamburg wird er freilich wenig von Linde's Bildern zu sehen kriegen, die, als „objektive Photographieen", wie er sie nennt, meisterhaft ausgeführt und zusammengestellt, seinen unvergleichlichen Text schmücken. An der Wurzel der Niederelbe" bei Lauaburg beginnt er seine Wanderung und beschreibt zunächst, wie sich rechts stromabwärts jetzt „Wald an Wald" — es sind die Reste des alten Grenzwaldes zwischen Slaven und Sachsen, der einst westlich der Delvenau in breitem Zuge die Elbe begleitete und so die Wälder der linkselbischen Göhrde fortsetzt. „Nicht das unregulierte Elbtal mit seiner meilenbreiten Wasserwüste war Völkerscheide, sondern der Urwald, der noch schwieriger zu durchschreiten als das Sumpfland des Stromes, in dessen Gebiet noch heut eine Reihe alter „Erdburgen" liegen, die Karl der Große zu einem befestigten „limes" verband. Der größte Rest ist der „Sachsenwald" oder „Herzogswald", wie er in der Urkunde heißt, welcher der Jagdlust sächsischer Herzöge seine Erhaltung verdankt."

Fünf km unterhalb der schönen Lauenburger Bahnbrücke durchfahren wir bei Artlenburg eine wichtige Stelle. Die dortige Wagenfähre bezeichnet den Uebergang, auf dem seit Urzeiten der Verkehr hinüber und herüber flutete. Hier — fast zwanzig deutsche Meilen vor der Mündung — waren erst die „Tiden", Ebbe und Flut, nicht mehr wirksam, einzelne große „Werder" erleichterten das Uebersetzen; die Handelsbedeutung des zwei Meilen entfernten Lüneburg beruht auf diesem Straßenzug, der auf dem rechten Elbufer durch die berühmte Festung Ertheneburg (Erdburg, die Ruinen sind auf der Generalstabskarte vergessen!) gesichert war. Auf ihr hat Heinrich der Löwe oft Landtage gehalten, sein jäher Sturz knüpft an diese Stätte; mit eigener Hand zündete er den Sitz seiner Ahnen an und entfloh elbabwärts im Fischerkahn, ehe Barbarossa herankam.

Wir gleiten weiter, entlang an dem schönen Waldgebirge. Der billige Wassertransport hat hier eine bedeutende Industrie wachgerufen, Glas-, Pulver- und Dynamitfabriken, große Weidenpflanzungen dienen zur Korbflechterei. Bei Geesthacht, der ersten hamburgischen Stadtenklave, benannt im Unterschied zum Gegenüber der „Marschhacht", treten die Geestberge von der Elbe zurück, die sich hier südwestlich krümmt, um 10 km weiter, in Höhe von Winsen, die nordwestliche Richtung wieder zu nehmen und bis Cuxhaven beizubehalten. Dann öffnet sich rechts eine weite Fruchtebene, die gesegneten „Vierlande", benannt nach der Längsteilung durch die Bille und die Arme des hier beginnenden Elbdeltas, der Dove- und Gose-Elbe (taube und trockene Elbe). „Von Lübeck und Hamburg in gemeinsamer Fehde dem Herzog von Lauenburg 1420 abgenommen blieben sie „beiderstädtisch" bis 1868, da Lübeck seine Rechte gegen Entschädigung an Hamburg abtrat." Die Vierlande, ursprünglich als Marsch von Rossen und Rindern beweidet, sind, beginnend mit dem 17. Jahrhundert, allmählich Gemüse- und Ostkammer sowie Blumentreibhaus nicht nur für Groß-Hamburg, sondern auch für entlegenes Ausland geworden. In alter Zeit fuhr man das „Gröntüg" in Karren, Wagen und „Ewern" zur Stadt, jetzt schleppen starke Dampfer die hochbeladenen Schuten zu Markte. Nur die Rosenzucht hat aufgehört; zentnerweis gingen einst eingesalzene Rosenblätter und -Knospen in Blechbüchsen nach England. An ihre Stelle ist ein großartiger Handel mit Maiblumen nach überseeischen Plätzen getreten; mancher Gemüsebauer bringt jährlich 2—300000 Keime in den Handel. Eine besondere Eigenart des altsässigen Bauernstandes ist eine hier künstlerische Begabung; die aus dem 16. Jahrhundert erhaltenen Bauernhäuser mit ihrem breiten Walmdach, dem Ziegelmosaik, geschnitzten Balkenköpfen, bunten Glasfenstern, Wandtäfelung, Fliesenbelag, Oefen, Truhen sollen Sehenswürdigkeiten ersten Ranges sein. Berühmt ist auch der Schmuck der Kirchen, von denen die von Altengamme besonders gepriesen wird. Die Siedlungsweise zeigt überall das holländische Muster, das an der Niederelbe so oft wiederkehrt, schmale Flurstreifen bis 3 km lang und 100 m breit, wie mich denn so Vieles an meine Beobachtungen vor dreißig Jahren in den Niederlanden so lebhaft erinnerte.

Zu unserer Linken im Hannöverschen breitet sich die tiefer als die Vierlande gelegene Winser Marsch mit der Vogtei Neuland, ein merkwürdiges Niederungsgebiet mit Deichen umsäumt und durchzogen, die es wie riesige Ringwälle schützen. Bei Hochwasser von oben und dem Gegenstau der Springflut von unten stieg früher das Elbwasser die zahlreichen Querflüsse aufwärts und verwandelte die ganze Ebene außerhalb der Deiche in große Binnenseen, aus denen wie Inseln die deichumschlossenen Marschflächen hervorragten. Die Häuser sind deshalb meist auf „Wurten" gebaut. Jetzt sind diese Verhältnisse sehr gebessert, seitdem man die Gewässer der Ilmenau und Neetze kanalisiert zwischen Dämme faßte, und die besonders tiefliegenden Strecken durch Pumpstationen regelmäßig entwässert. Freilich betragen auch die jährlichen Deichlasten etwa 20 Mark für den Hektar. Seither hebt sich auch hier die Kultur, besonders Obst und Viehzucht, von Jahr zu Jahr und ist mit den Vierlanden in eifrigen Wettbewerb getreten. Etwa eine Million Küken werden hier alljährlich gezüchtet und gehen dann als Hamburger Pularden in die weite Welt.

Jetzt fahren wir beim „Zollenspinker" vorbei, einem von uralten Bäumen beschatteten Gehöft gegenüber der Mündung der Ilmenau, dessen Name an die Schranke erinnert, welche einst die Wasserstraße sperrte. Das Fahrwasser wird schwieriger, je mehr wir uns unserm Ziel nähern, neben den Uferbaken ist die Fahrrinne noch durch Bojen scharf bezeichnet; Sandbänke heben sich oft mitten aus dem Strom. Ich hatte mich in Lauenburg genau nach den „Gezeiten" erkundigt, deren täglicher Wechsel in den Zeitungen bekannt gegeben wird. Demnach mußten wir bis gegen 4.00 nachm. mit der Ebbe zu Tal fahren, doch merkten wir wenig in unsrer Förderung wegen des starken Nordwest, der entgegenblies.

2.30 kamen wir bei „Bunte Haus" an die Gabelung von Nord- und Süderelbe, fuhren in die erstere hinein, begrüßten 2.45 in gehobener Stimmung den ersten Anblick der Türme von Hamburg und landeten 3.15 am Entenwärder, etwa 800 m oberhalb der zwei riesigen Eisenbahnbrücken, am rechten Ufer. Dort haben die Hamburger Rudervereine neuerdings den „Allgemeinen Alsterklub" mit gemeinsamem Bootshaus gegründet, um von ihm aus, bei der für Sportboote äußerst schwierigen Passage der Hafengewässer, Wanderfahrten unternehmen zu können. Für Reisende, welche die Elbe hinabkommen, ist die gastliche Aufnahme hier von außerordentlichem Wert umsomehr, als auf Anfrage beim Vorstand Quartier für die erste Nacht, für Schülervereine sicher auch mehrtägige Gastfreundschaft, gern gewährt wird. Ein Anlegen an anderer Stelle würde hier am Rande der Großstadt große Schwierigkeiten haben. Ich will auch gleich vermerken, daß die Rückverfrachtung des Bootes von hier aus schnell und sicher bewirkt wird durch die „Berliner Loyd-Aktien-Ges." (Hamburger Geschäftsstelle Klosterstr. 36 Tel. I 1872) deren zahlreiche Dampfer täglich nach verschiedenen Hafenplätzen der Elbe, Havel, Spree und Oder abgehen. Unser braver Ibis wurde durch den gefälligen Bootswart des A. A. K. auf dem Bootskarren zur nahen Billhorner Brücke gefahren, dort dem Eildampfer „Breslau" übergeben und von diesem schon etwa 36 Stunden nach Abgang bei unsrer „Pfaueninsel" der heimatlichen Flut zurück geliefert, woselbst der Herr Hofgärtner bis zu meinem späteren Eintreffen sich des Bootes auf das Freundlichste annahm.

9. bis 13. Juli.

So waren wir denn ebenso flott gefahren wie glatt gelandet und hatten in 4½ Rudertagen zurückgelegt

am	3. Juli	1.00—7.15	von Ketzin	nach	Plauen	35 km	
„	4. „	9.00—8.00	„ Plauen	„	Havelberg	82 „	
„	5. „	12.00—7.00	„ Havelberg	„	Wittenberge	38 „	324
„	6. „	9.00—7.00	„ Wittenberge	„	Hitzacker	70 „	km
„	7. „	1.00—7.15	„ Hitzacker	„	Lauenburg	48 „	
„	8. „	9.00—3.15	„ Lauenburg	„	Hamburg	51 „	

d. i. pro Rudertag 76, pro Kalendertag 54 Kilometer, bei durchschnittlicher täglicher Ruderarbeit von 7 Stunden, die sich mit der Ablösung für jeden auf 3½ Stunde verteilen. Das muß im Vergleich zu Sportleistung auf anderem Felde, z. B. bei Gebirgsturen, doch wahrlich ein gemütlicher Betrieb genannt werden. Der Rückblick ergab auch nicht den geringsten Anlaß einer Gefahr, der wir entronnen, einer Extravaganz, die wir begangen. Und doch — welches Erstaunen über das „Wagnis", ja welche Unkenrufe, sogar aus dem Kreise der Fachgenossen des R. a. W., hatten unsere Abfahrt gegrüßt! Wobei ich ganz absehen will von der Meinung einer älteren Verwandten, welche beim Empfange im ersten Quartier annahm, „wir hätten doch einen „Mann" mitgenommen, der uns ruderte!"

Und welch herrliche Tage lagen hinter uns — der schönste Lohn der „Arbeit" aber war doch Hamburg selbst. Welch wertvolleres Ziel könnte einer Wasserreise wohl gesteckt werden! Für mich erhielt dieser eigenartige Besuch in Hamburg seine besondere Weihe dadurch, daß er mir Gelegenheit bot, die alte Kameradschaft vom Rhein wieder neu zu knüpfen, Erinnerung an Sang, Becherklang und Ruderschlag aus der Jugendzeit frisch zu beleben. Mit besonderem Dank sei deshalb der Gastfreundschaft gedacht, welche uns an diesen Tagen geboten wurde. Ihr Reiz wurde noch erhöht durch das Festgewand, welches die schöne Stadt selbst zum XVI. Deutschen Bundesschießen angelegt hatte; der historische Festzug mit seinen Bildern von Urzeiten bis heute wird meiner jungen Mannschaft unvergeßlich bleiben, Verständnis und Liebe für Hamburg nimmer schwinden lassen.

Natürlich wurde auch vom modernen Hamburg soviel als möglich angeschaut. Ein Abend an der „großen Außenalster", wenn ringsum, jetzt schon ganz von den Armen der Riesenstadt umfangen, die Wasserfläche im Glanze der Uferlichter erstrahlt und von den unzähligen hell leuchtenden Wasserdroschken durchschnitten wird, dazu die Klänge einer guten deutschen Militärkapelle — ist wirklich das Nachtbild von Venedig schöner? Dann Tags darauf unter sachkundigster Führung des Herr Direktors Merck auf der Barkasse der Hamburg-Amerika-Linie eine Fahrt durch die wunderbare Welt des Hamburger Hafens, der Besuch eines Ozeandampfers; das großartige Rathaus, der „Bismarck", meines Erachtens das schönste Denkmal in ganz Deutschland!

Am Sonntag folgte für mich eine Segelfahrt von Blankenese durch das Elbtor abwärts mit meinem Gastfreund und Kameraden Herrn Oswald. Freilich, gegen steifen direkt konträren Nordwest aufkreuzend, kamen wir trotz Ausnutzung der „Tiden" nicht weiter als etwa zur Krückenmündung. Aber eine Wanderung durch das Land der Lühe am linken Ufer und die Schilderungen meines Begleiters als hervorragenden Kenners von Land und Wasser seiner Heimat gaben mir ein derartig fesselndes Bild, daß ich mit der Sehnsucht heimkehre, hier mal mit Muße „paddeln" zu können. Es ist ein wunderbar vielseitiges Gebiet dieses Schwemmland der Niederelbe mit seinen urwüchsigen Bewohnern, ihrer überraschend hohen Kultur, ihrem Wohlstand, inmitten des nie ruhenden Kampfes mit den Elementen. „Luctor et emergo", die Devise des Seeländer Löwen, wie sie die Freie Rheinfahrt Seite 96 zeigt, würde auch wie keine andre passen in ein einheitliches Wappenschild der Niederelbe!

Es war eigentlich mein Wunsch gewesen, unsere Reise über Hamburg hinaus bis Brunsbüttel am Nordostsee-Kanal fortzusetzen, doch überzeugte mich die Fahrt durch den Hafen ebenso wie die heutige von der wirklichen Gefahr, die für den Ibis damit verbunden gewesen wäre. Der enorme Verkehr in allen Hafenarmen, die schnell fahrenden Lokaldampfer, türmen hier untarierbare spitze hohe Wellen, denen kein offenes Sport-Ruderboot gewachsen ist. Unterhalb Hamburg sind es schwierige, mit den Gezeiten stets wechselnde Ufer- und Landungs-Verhältnisse, vereint mit dem schon bei mäßiger Brise einsetzenden Seegange, die Gefahr bringen können. Die Wasserkante hüben und drüben bietet bei Ebbe oder Flut ein ganz verschiedenes Bild, die Orientierung ist schwer. Dagegen ist hier für den Kanufahrer das wahre ideale Arbeitsfeld, nicht unähnlich den im Delta

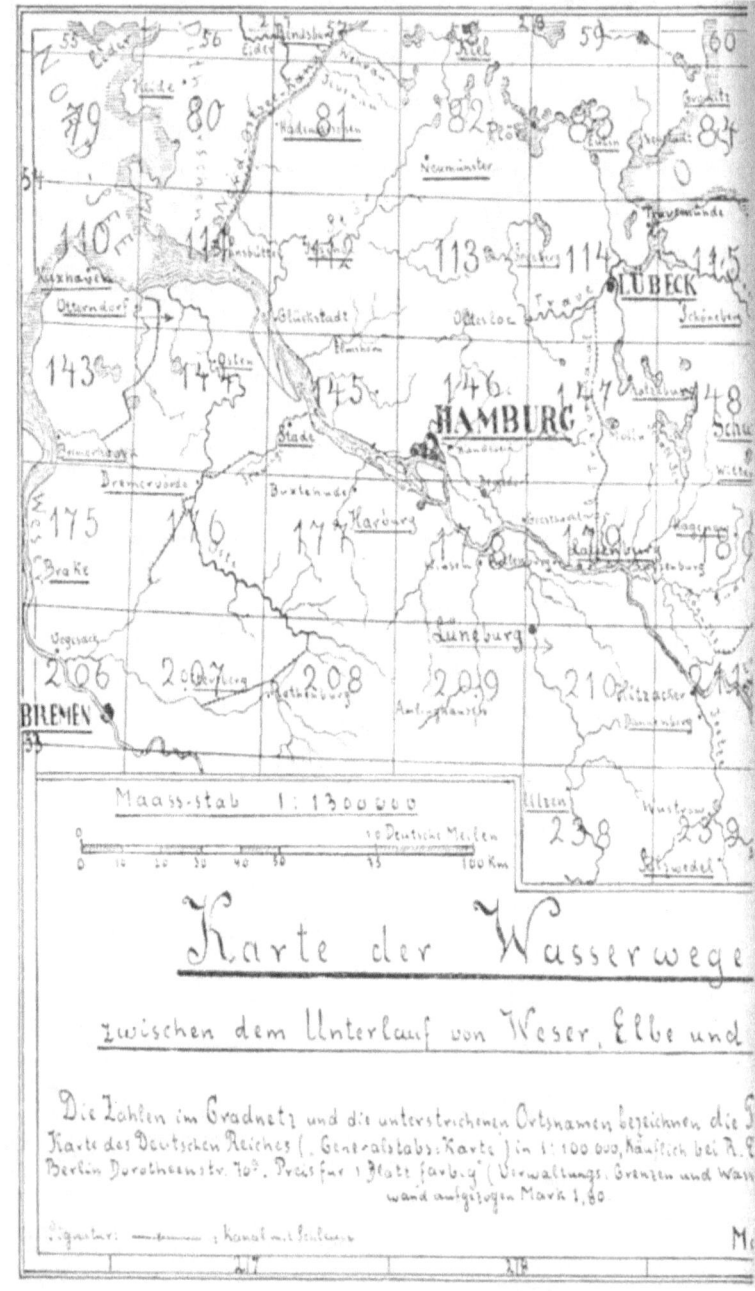

von Schelde und Maas. Weit voraus schauend und erwägend, wellengeschützt, fest in seinem Gleichgewicht, leicht landend, sein Fahrzeug überall bergend, aus einen Flußlauf in den andern tauchend, trägt ihn die Ebbe zu Tal und die Flut zu Berg, „rauhes Wasser" braucht er nicht zu scheuen, jeder Seitenarm, jedes „Fleet" ist ihm schiffbar, Dämme übersteigt er, Wiesen und Moor durchzieht er, in weltentlegene Einsamkeit dringt er. Freilich, auch Gemüt und Sinn sind ihm derart gebildet, daß Natur und Menschen er je mehr liebt, je „unberührter" sie geblieben. Fehlt ihm das, dann fahre er lieber per Salondampfer 8.00 ab Hamburg, 12.15 an Cuxhaven. —

So darf ich denn an die Rheinfahrt die Elbfahrt anschließen, der Anfang an das Ende, und der Hoffnung Ausdruck geben, daß mehr und mehr unser Geschlecht aus den Fesseln der Kultur sich frei mache und zur Natur zurückkehre. Täglich flutet der Strom von Tausenden aus Groß-Berlin hinaus zum Wald, zum Wasser, zu freier Luft, freiem Bad — man sieht sie wirklich auferstanden

„aus niedriger Häuser dumpfen Gemächern,
„aus Handwerks- und Gewerbesbanden,
„aus dem Druck von Giebel und Dächern,
„aus der Straßen quetschender Enge,
„aus der Kirchen ehrwürdiger Nacht
„sind sie alle ans Licht gebracht."

Und am Sonnabend und Sonntag — viele Meilen weit hinaus sind die Wasserkanten besiedelt mit Wanderruderern, Bootsreisenden, die eine Nacht unter freiem Himmel und grünem Dach, ein selbstbereitetes einfaches Mahl allen Feiertagsgenüssen der Stadt vorziehen. Und immer ferner wird dieser Freiheitsdrang uns führen, nur zu Wasser erreichen wir die einsamen verschwiegenen Stellen an Fluß und See, wo wir wirklich allein sein können, fern von jedem Treiben der Außenwelt, und die unsere norddeutsche Heimat, wie kein anderes Kulturland uns bewahrt hat. Als Probe wird meinen Lesern zugleich mit der Orientierung über die Elbfahrt eine Kartenskizze der Wasserwege zwischen Weser und Oder dargeboten, die sämtlich im Ruderboot von der Hauptstadt aus leicht erreicht werden. —

Zum Schluß sei noch einem Vorschlag Raum gestattet, der mir in den Sinn kam, als ich den schönen Elbstrom hinabglitt.

Dauer-Ruderfahrt für deutsche Schulen.

Es wird viel darüber gestritten, ob das Wettrudern für unsre Jugend erwünscht sei oder nicht; ein großer Teil des Widerstandes gegen das Schülerrudern gründet sich auf die Bedenken gegen das Regattawesen. Trotzdem erhält sich bei denjenigen Eltern und Erziehern, welche mit Ernst, Liebe und Sachkenntnis das Für und Wider abgewogen haben, die Ueberzeugung, daß auch dieser Sport ohne Kampf nicht gedeihen kann, und daß die Gefahren vermieden werden können. Die Regatta darf nicht Selbstzweck sondern nur „Mittel zum Zweck" sein, aber auch nur durch ihr Stimulum, ihre „Vorbilder" erreichen wir für das Rudern die beste Form, d. h. die gesundeste Form, und das „Training", die Errungenschaft der eigenen Höchstleistung hat für den Einzelnen große moralische Bedeutung. Und die Gefahr, daß Spiel- und Wettlust damit entfacht, daß ungesunder Ehrgeiz genähret werde, muß durch energische Leitung des „Protektors" bekämpft werden, der hier im besten Sinne seines Titels als „Schützer" zu walten hat. Jeder Ehrgeiz kann übertrieben sein — immerhin ist noch kein Fall bekannt, daß ein Schüler sich das Leben genommen, weil er bei der Regatta nicht siegte, wohl aber, weil er nicht von Sekunda nach Prima versetzt wurde, nachdem durch die Preislockung von Extemporalien und Zensuren das Gift wirklich krankhaften Ehrgeizes die junge Seele durchfressen hatte!

Nur eins habe ich als Zuschauer von Schüler-Regatten stets bedauert, daß nicht auch auf Strecken gekämpft wird, bei denen neben der Schnelligkeit die Ausdauer zur Geltung kommt. Ich halte dies durchaus für ausführbar und will versuchen, allen Einwänden in nachstehendem Entwurfe zu begegnen.

1. **Zeit der Dauerregatta**: Die Woche vor den Sommerferien (26. Juni bis 2. Juli 1910) deren Erweiterung als besondere Belohnung für körperlich und geistig tüchtige, strebsame Schüler gewährt wird.
2. **Teilnehmer**: 1 Lehrer und 4 Schüler jedes Schulrudervereins, der seine Beteiligung bis zum 15. Mai der Fahrtleitung (Ziffer 7) angemeldet hat.
3. **Strecke**: Elbe von Magdeburg bis Hamburg (Allgem. Alster-Klub.) etwa 300 km. Auch die Strecke Magdeburg—Lauenburg a. Elbe—Lübeck könnte gewählt werden, weil hier im Elb-Trave-Kanal bei 3 Schleusen die Gewandheit des Transports der Boote über die Schleusen zu erproben wäre. „Durchschleusen" müßte verboten sein.
4. **Stelldichein**: Magdeburg. 25. Juni abends.
5. **Abfahrt**: Magdeburg, 8.00 vorm. beginnend mit Pausen von 10 Minuten zwischen jedem Boot. Die Reihenfolge wird durchs Loos bestimmt.
6. **Bootsart**: Turen-Vierer-Gig mit Halbauslegern und Rollsitz.
7. **Fahrtleitung**: 1 Privatfreund des Schülerruderns und 1 Lehrer (ausgewählt vom Herrn Kultusminister), dem die Organisation des ganzen Betriebes obliegt.
8. **Kosten**: Der Eisenbahnminister bewilligt auf Antrag des Herrn Kultusministers freien Bahntransport der Boote nach Magdeburg und von Hamburg. Der Lehrer erhält Reisekosten und Tagegelder wie beim „Ruderkursus der Oberlehrer in Wannsee". Die einzelne Schule bezw. der betr. Ruderverein bewilligt aus ihren Mitteln die Reisegelder für die Schüler. Quartier und Verpflegung in Magdeburg und Hamburg gewährt gastfreundlich der Magistrat dieser Städte auf Bitte der Fahrtleitung.
9. **Preis**: Das zuerst am Ziel eintreffende Boot erhält aus dem Erlös der II. Auflage der „Freien Rheinfahrt" einen Ehrenpreis und 3—500 Mark mit der Bestimmung, daß diese Summe für unbemittelte Schüler verwendet wird, welche in den Ruderverein der Sieger eintreten möchten.
10. **Sonstige Bestimmungen**:
    a) Auf der Gesamtstrecke darf innerhalb von je 24 Stunden nur 6 Stunden gefahren werden. Durch diese Bestimmung soll der Ueberanstrengung vorgebeugt werden, die bei Freigabe der ganzen Zeit zweifellos eintreten würde. 6 Stunden erscheinen nicht zu viel, zumal auf jeden nur ca. 4⅕ Stunden kommen in der Voraussetzung, daß der Lehrer sich an der Arbeit beteiligt. Im übrigen bleibt die Tageseinteilung, Verteilung von Arbeit und Ruhe völlig überlassen. Jeder Art der Fortbewegung außer durch Ruder und Strömung ist untersagt.
    b) In der Nacht darf Quartier nicht bezogen werden (Beiwachts-Zwang). Hierdurch soll planmäßiges Einüben, technisches Erlernen des Lagerns und Uebernachtens im Freien angeregt werden. Bemessung der Ausrüstung und Belastung des Boots bleibt freigestellt. Die Elbe bietet wie kaum ein anderer Fluß auf der ganzen Strecke fast ununterbrochen trockene sandige windgeschützte Lagerplätze.
    c) Die Kontrolle der Einhaltung vorstehender Bestimmungen gründet sich auf Versprechen durch Handschlag, welches der Lehrer der Fahrtleitung gibt; außerdem auf ein genau geführtes „Logbuch", aus welchem Ruderzeit, Rastzeit, Lagerplätze ersichtlich, in welches auch Beobachtungen und Erfahrungen eingetragen werden, zum Schluß vom Lehrer unterschrieben.

Diese Vorschläge sollen noch in einer Fachzeitschrift abgedruckt werden, woselbst Gelegenheit zu kritischer Beurteilung und Meinungsaustausch gegeben ist. Wannsee, im September 1909.

W. v. Diest.

Kanu=Technik und Lager=Regeln.

A. Bootsart.

Ein Kanu ist ein kleines Wasserfahrzeug ohne feste Flosse oder Ballast, vorn und hinten scharf und mittels einfachem oder doppeltem, nicht aufgelegtem, sondern frei in der Hand geführtem Paddel, oder durch Segel fortbewegt. Es dient hauptsächlich für Wanderfahrten und Bootsreisen. Für diesen Zweck empfehlen sich folgende, beim Berliner Kanu-Klub (B. C. C.) eingeführte Abmessungen:
a) **einsitziges „Rob Roy"=Kanu**, benannt von dem englischen Erfinder, vergl. Bild „Rhin", 4,30 m lang, 0,80 m breit, Sitzraum (englisch Cockpit nig. = Grube der Hahnenkämpfe) 100 : 55 cm, vorn und achtern wasserdichte, verschließbare Schotten, demnach auch nach Vollschlagen des Sitzraums das Boot sich über Wasser hält und das Gepäck trocken bleibt. Der „Rob Roy" wird auf der Eisenbahn als Passagiergut zugelassen, wenn genannte Länge nicht überschritten ist. Als Sperrgut (Bahngut) beträgt die Fracht für zwei Boote unverpackt — nur durch zwei vor und hinter dem Sitzraum herum gelegte, mit Holzwolle oder Stroh gefüllte leinene Schläuche geschützt — von Berlin nach Mainz incl. Gepäck Mk. 7.90.

„Rhin."

b) **zweisitziges Reise-Kanu**, vergl. Bild „Werner", 5,20 m lang, 95 cm breit, Querschnitt U-form. Die Bootsform ist hier möglichst voll gewählt, besonders auch im Heck, behufs Erzielung größter Stetigkeit, geringsten Tiefgangs und leichter Wendung beim Segeln am Wind. Ferner gewährt der U-schnitt größeren Innenraum zum Schlafen und zur Verstauung im Gegensatz zum V-Querschnitt des „Rhin".

B. Material.

Als Material für Kanus ist Holz — Zedern oder leichtes Mahagoni — am geeignetsten. Klinkerbau bei 6 mm Plankenstärke bedeutet höchste Haltbarkeit. Leinen-Kanus (Holzgerippe mit verschiedenem Stoff überzogen) haben den Vorzug der Billigkeit und größeren Leichtigkeit. Daß sie sich auch für größere Fahrten eignen, ist erst in diesem Sommer durch Dr. Platow-Zehlendorf vom

„Werner."

„Ruderklub am Wannsee" bewiesen, indem er im Leinwandboot in 16 Rudertagen die Donau von der Quelle bis Budapest (1180 km) hinunter paddelte, ohne ernstliche Havarie zu erleiden. Ausdrücklich betont er dabei, wie er Beschädigungen der Außenhaut schnell und leicht ausgebessert habe.

Kanus zum Zusammenklappen, halb im Rucksack, halb in der Hand zu tragen, haben sich nach hiesigen Erfahrungen als unbrauchbar erwiesen.

C. Ausstattung.

1. Wasserschutz.

a) Paddelschürze (engl. apron). Mac-Gregor, der berühmte englische Kanufahrer sagt von ihr: „der Kanuist findet sehr bald, daß sich dieser Teil seiner Ausstattung zu vollkommener Zufriedenheit am schwersten einrichten läßt. Ich habe darauf mehr Nachdenken, Mühe und Experimente verwendet, als auf irgend einen andern Teil meines Reiseboots." Im Prinzip soll erzielt werden, daß der Sitzraum mit einsitzendem Ruderer gegen jedes Wasser von oben und unten völlig abgeschlossen ist, und daß dieser Abschluß am Leibe fest, am Boot lose sitzt. Ist dies erreicht, dann fährt der Paddler durch „rauhes Wasser" fast so sicher wie ein Rettungsboot, der Gipfel der Ruderfreiheit und Ruderfreude ist erreicht!" Der B. C. C. hat folgendes System erprobt: Die Schürze aus wasserdichtem Leinen ist bis auf 40 cm durch leicht lösbare Metallknebel am Rande des Sitzraumes befestigt, der übrige Teil enthält eine starke Gummischnur, welche an kleinen Holzklemmen festgelegt wird. Hierdurch schützt die Schürze bis zur Brusthöhe bei großer Bewegungsfreiheit, ohne den Fahrer im Falle des Kenterns zu gefährden. Gegen Regen und „Brecher" gewährt eine weite „Paddel-Jacke" aus Continental-Batist Schutz — erhältlich bei Poppe & Wirth, Berlin, Gertraudtenstraße Preis 1,75—2,00 Breite 92 cm — mit Halsloch ohne Knöpfe zum Ueberstreifen über den Kopf, Aermelschluß: am Handgelenk nicht zu enge Gummiringe. Hierzu ein leichter Südwester aus demselben Stoff.

b) Steuer. Mac-Gregor sagt: „es ist nötig für lange Segelfahrten." Der B. C. C., welcher auf Kanu-Segeln besonderen Wert legt, konstruiert keines seiner Fahrzeuge ohne ein „Fußsteuer" (Leinen oder Stangen am Joch). Das „Blatt" wird beim Fahren durch eine aufholbare Metallflosse verlängert und beim Ueberfahren von Wehren oder Untiefen ganz ausgehoben. Auf einer reinen Paddelfahrt ist das Steuer hinderlich; die Uebertragung verengt den Steuerraum; Dr. Platow hat es von Donaueschingen bis Ulm mitgeschleppt und dort verschenkt.

c) Segel. Mac-Gregor: „Ich habe wochenlang auf meinen Reisen keine Gelegenheit zum Segeln gehabt, Stangen und Tuch sind mir dann als Ballast erschienen, nachher bin ich zuweilen durch eine einzige Fahrt entschädigt worden." Man darf sagen, der Kanusegelsport richtet sich nach den Verhältnissen von Wasser, Strömung, Ufern, Wind, Entfernung und — der Eigenart des Paddlers selbst. B. C. C. äußert sich hierüber wie folgt: „Unser „Rhin" führt nicht reffbare Lateiner-Segel — Großsegel 2½ qm, Besan 1½ qm und segelt vermittels seines kleinen Kieles leidlich beim Winde; durch Einbauen eines Senkschwertes, was leicht ausführbar, werden bessere Segeleigenschaften erzielt. Der Besan allein leistet beim Paddeln bei leichtem achtern oder bis zu ½ Wind gute Dienste. Die Segel sind ohne jedes „Fall" mittels eines Stropps auf den Dorn der Mastspitze aufgehängt, wodurch schnelles Takeln bei bedeutend verkürzten Masten erzielt wird. Um kurze Spieren bei größter Segelfläche und bequemer Verstauung zu erhalten, führt der „Rhin" Spreizlatten.

d) Paddel. Mac-Gregor: „Man hat gemeint, das Paddeln müsse die Brust zusammenziehn. Das ist sicher ein Irrtum. Ja, wenn man einfach mit beiden Blättern abwechselnd im Wasser plantscht ohne zur ganzen Länge eines ordentlichen Zuges auszuholen, dann werden die Schultern nicht zurückgebracht und die Uebung wirkt schädlich. Aber genau dasselbe ist der Fall, wenn man „Skull" oder „Riemen" mit kurzem stoßweisen Schlage führt. Der richtige Paddler streckt die Arme wechselnd zu voller Länge und bringt sie weit zurück, so daß der Ellbogen die Rippen streift; so wird die Brust nach beiden Richtungen heilsam ausgedehnt." Jedes Wort hiervon ist zu unterstreichen. Beim B. C. C. ist das Paddel 2,80 m lang aus „Spruzholz", in der Mitte „teleskopisch" geteilt, um bei flachen Stellen durch Stützen auf beide Hälften nach Art der Stoßschlitten tieferes Wasser zu erreichen. Kanu „Werner" wird mit zwei „kanadischen" Einzelpaddeln hinten und vorn gefahren.

Gepäck, Verpflegung, Lagerausrüstung.

e) Individuell verschieden wie zu c. Vor allem fasse „man ins Auge, daß der Paddler, um die Muskelgruppen seiner „Unterpositur" nicht verkümmern zu lassen, stets auch Fußturist sein soll und demnach seine Ausrüstung einzurichten hat. Der Rucksack mit klugbemessener Füllung wird deshalb immer bereit liegen, dazu der Regenschirm mit Eisenspitze. Im übrigen kommen

Kanu-Technik und Lager-Regeln.

zwei Gesichtspunkte zur Geltung, zwischen denen die richtige Mitte zu halten ist: Einerseits der alte Wandergrundsatz „geh steten Schritt, nimm nicht viel mit", und „der Bedürfnislose ist frei, der Freie glücklich!" Andrerseits wird gerade „Freiheit" des Kanufahrers nur durch „Omnia sua secum" erreicht, durch zuviel „Rückkehr zur Natur" beeinträchtigt. Wir wollen weder Don Quichote noch Diogenes in der Tonne nacheifern, sondern im Rahmen unserer Bildung und verfeinerten Fühlens die reinste Naturfreude genießen. Mit besonderem Recht erstrebt deshalb der B. C. C. für seine Fahrten volle Unabhängigkeit von Obdach und Nahrung. Fast ausnahmslos Sonnabends und Sonntags paddeln im Sommer die Mehrzahl seiner Mitglieder in schöner Kameradschaft an irgend eine Stelle der herrlichen Spree- und Seeufer, die unweit der Hauptstadt bei „Mutter Grün" weltabgelegene stille Quartiere in

Lager des B. C. C.

reicher Auswahl bieten. Die vielseitigen Erfahrungen des B. C. C. werden auf Nachfrage gern zum Besten gegeben werden, da seine Mitglieder nicht nur für sich selbst Feinschmecker der Natur, sondern auch Menschenfreunde sind, die ihre durch und durch gesunde „Lehre" zu verbreiten sich bemühen. Einige wichtige Angaben werden nachstehend sowie unter c mitgeteilt.

Rucksack (mit Wäsche, Kleidern, Schuhen), Schlafdecke, Gummidecke, Regenpelerine und großes Badetuch kommen in den achtern befindlichen, verschließbaren, abgeschotteten Teil; dicht hinter die Rückenlehne die Mundvorräte, Kocheinrichtung in einen Spankorb verpackt. Ein zusammengelegtes Landzelt, Paddeljacke, Südwester, Sweater werden unter dem Sitz so verteilt, daß die leicht gekrümmten Beine des Paddlers darauf ruhen, was bequemer als das Sitzen mit gestreckten Beinen. Maste, Segel, zusammenlegbare Bettstelle, (?) Reservepaddel, Stuhl und Zeltheringe finden unter Deck auf Back- und Steuerbord vorne reichlich Platz. In seitlich befestigten Kästchen werden Laterne, Badeschuhe, Tauenden, kleines Reparaturwerkzeug, Karten, Tabak etc. verstaut.

Zur Nahrung werden empfohlen Fleisch-, Obst- und Gemüsekonserven,

Tee, Kakao, Kakes, kondensierte Milch, Zitronen, Zucker und Speck. Außerdem wichtig ein Behälter für Brunnenwasser zum kochen und trinken (verstöpselter Tonkrug) oder Wasser in einzelnen Flaschen, daneben ein klappbarer Leinwand-Wassereimer.

D. Preise und Bezugsquellen.

1. Kanus.
  a) Typ-Rhin baut Werft Berkholz und Gärsch, Friedrichshagen bei Berlin, bevorzugt vom B. C. C. Preis: Mark 200 bis 300, leider zu teuer, um dem Kanusport die erwünschte Verbreitung zu verschaffen. Außerdem C. Perdes, Köpenick bei Berlin und W. Deutsch, Stralau bei Berlin, beide nur für Holzkanus.
  b) Julius Becker, Glücksburg (Ostsee), Spezialwerft für Leinen-Kanus (Typ „Seehund") zweisitzig, 5 m lang, M. 122, einsitzig, 3,75 m lang, M. 112. Segel M. 11 extra. Canada-Typ M. 150, ähnlich dem „Werner" des B. C. C.
  c) Gebrauchte Kanus erhältlich durch Nachfrage im „Wassersport".

Schlafzelt des B. C. C.

  d) Primaner Malchow vom Gymnasium Zehlendorf baute sich selbst das Doppelkanu „Max und Moritz" nach vorhandenen Skizzen für ca. 60 M. in welchem er im Juli 1909 mit einem Kameraden eine 14tägige Reise durch den Spreewald glücklich durchführte.
2. Ausrüstung für Boot und Ruderer. Preisliste einfordern von: A. Steidel, Berlin, Rosenthaler Str. 34, G. Steidel, Berlin, Leipziger Str. 67, M. Schindler, Berlin, Oranien-Str. 24, Dingeldey & Werres, Berlin, Potsdamer Straße 127/8, Geschäft für Tropen und Kolonien.
  a) Schlafzelt des B. C. C. aus Militär-Zeltbahnen.
    Gestell 4 Stück 1,70 m lange runde Holzstäbe 4—5 cm stark, unten mit Eisenspitzen versehen, obere Verbindungsstange 1,60 m lang, 25 mm Durchmesser, an beiden Enden mit Stiften versehen, die in entsprechende Metallösen der 4 Streben fassen. Das Zelt steht frei ohne Benutzung von Bäumen.

was durch zwei Diagonalen — dünne Schnüre — an der Rückseite (s. Bild) bewirkt wird. Die Hängematte besteht aus 80 cm breiter grauer Leinwand von 1,90—2 m Länge. Am Kopf= und Fußende ist je ein 80 cm langes Rund=holz zum leichten Spannen der Matte eingeschoben.

Heftiger Regen oder kaltes Wetter erfordern ein leichtes Bewerfen der Zelt=bahnen unten mit Erde, wodurch zugleich ein kleiner Graben ringsherum für das Regenwasser entsteht. Am Kopf= und Fußende des Zeltes sowie unter der Hängematte ist reichlich Platz für allerhand Gegenstände während der Nacht. Die vordere vierte Zeltbahn gewährt am Tage Schutz gegen Regen durch Hochstellen vermittelst Mast, Paddel oder zusammensteckbare Zeltstangen mit ausgebrachten Heringen und dünnen Schnüren. Zum Zelt gehören noch je 10 „Heringe" und zerlegbare Zeltstöcke. Durch mehr Militärzeltbahnen werden Zelte beliebig groß hergestellt, ferner dienen dieselben einzeln als Regenmantel oder Schlafsack, sind erhältlich bei A. Wunderlich Nachf., Berlin Linkstr. 22 mit kleinen Webfehlern neu M. 5,25, gebraucht (geflickt) 1,50—3.00

b) Kücheneinrichtung des B. C. C. Amerikanische dreiteilige Menage bei Otto Hartz, Berlin, Markgrafenstraße 64, Gewicht 0,6 kg. Preis Mk. 3.00

Dreiteilige Menage des B. C. C.

Außerdem sind von zusammenlegbaren Küchen mit Windschutz verschiedene Privatsysteme im Gebrauch, deren Erfinder (Adressen beim B. C. C.) gern nähere Auskunft geben.

c) Taschenlaterne, zusammenlegbar von G. Steidel, Preis M. 2,25 oder größerer Sturmleuchter von C. Rakenius, Berlin, Zimmerstraße 98. Preis M. 6,50.

E. Organisation im In= und Auslande.

1. Berliner Kanu=Klub. E. V. (B. C. C.)
   Grünau Dahmestr. 6, gegründet 15. 11. 1907, zählt z. Z. ca. 60 Mitglieder mit ca. 50 Booten. Er vertritt vor allem den Standpunkt, die Bootsform zu verbessern durch Schaffung von Einheitsbooten in verschiedenen Klassen und hat hierfür genaue Vorschriften bezüglich Bootsbau etc. sowie ein aus=führliches Sportprogramm aufgestellt.
2. Alster=Kanu=Klub Hamburg, Gr. Reichenstr. 3
   besteht seit 1903. 35 Mitglieder mit ca. 30 Booten. Regatten mit Paddeln und Segeln über kurze Strecken (1000 Meter) Dauerfahrten, gemeinsame Reisen und deren Beschreibung in Fahrtenbüchern mit Vorführung in Licht=bildern.

3. In Wien besteht seit diesem Jahre eine lose Vereinigung von Kanufahrern ohne Titel. Hauptvertreter Herr Professor Rudolf von Larisch, Wien II, Ungargasse 71.
4. Ulmer Donau-Klub zu Händen des Herrn Fritz Miller, Ulm treibt, wie sein Vorstand schreibt, „an Iller und Donaustrom ein rauhes Ruderhandwerk, demnach Ruder und Boote gebaut sind, schwere Karambolagen zu überstehen. Für See und Kanal ist der Ulmer Kanutyp zu langsam, dagegen aber geeignet, in den Alpen die Iller, von Bozen bis Venedig die Etsch hinab zu sausen oder von Donaueschingen bis Ulm über 20 Wehre zu rumpeln."

Form der Ulmer Kanus: Länge 4,50 m, Breite ?, flacher Eichenboden mit drei Schutzleisten, Fichtenholzwände, Mahagoni-Deck. Der Wasserschutz besteht in einer etwa 20 cm über Cockpit-Rand aufgesteiften Leinenschürze, welche vor dem Leib des Paddlers noch eine besondere Wölbung hat. Auch hier ist der Wasserschutz hinter dem Paddler nicht gewährleistet.

Ein besonderer Vorzug dieser Boote ist ihre Billigkeit, M. 95 bis 120, je nach Auswahl ihrer Hölzer. Zum Schlafen sind sie besonders brauchbar, weil sie auf dem flachen Boden feststehen. Die hintere Hälfte ist wasserdicht verschraubt, unsinkbar, für Kleider und Proviant absolut sicher. Vorn liegt Mast, Segel, Reservepaddel, Kochgeschirr und Getränk in Flaschen.
5. Schwedischer Kanu-Klub Stockholm.
6. Royal-Kanu-Klub London.
Vorstand: C. E. Browne, Pallion, East Molesey. Boothaus: Trowlock Island, Hampton Wick, Middelsex; seit 1866 bestehend, zählte 1908 ca. 170 Mitglieder mit ca. 165 Booten und verfolgt ungefähr dieselben Ziele wie der Berliner Kanu-Klub.
7. In Amerika soll es viele hundert Kanu-Klubs geben.

F. Literatur.
a) Handbook of Athletic Sports. Vol. VII.
Canoeing aud Campingout. 74 Bilder. London: Bell & Sons Yorket. Covent Garden 1893. Eine gründliche technische Anleitung mit großer Sachkenntnis und vielseitiger Erfahrung geschrieben.
b) Paddles und Politics down the Danube by Poultney Bigelow. London, Cassel & Co. 1892.
c) A thousand miles in the Rob-Roy-Canoe on rivers and lakes of Europe by Macgregor.
London, Sampson low, Marston, Searle & Rivington 1880.
d) Rob-Roy an the Baltic von demselben Verfasser ebenda.
e) Rob-Roy ou the Jordan, Nile, Read Sea aud Genesareth desgleichen.
b—e sind Reisebeschreibungen begeisterten Kanufahrer mit reichem Bildschmuck und ausgiebiger technischer Anleitung. —
f) Fridjof Nansen. Eskimoleben. Aus dem Norwegischen übersetzt von M. Langfeldt. Leipzig und Berlin. Georg Heinrich Meyer. 1903. Ein vortreffliches tief und poetisch empfundenes Buch; von besonderem Interesse für jeden Paddler Kap. III. „Der Kajak und die Kajakgeräte" und Kap. IV. „Auf dem Meere im Kajak".
g) Seglers Handbuch von Georg Belitz, Redaktion des „Wassersport" Berlin SW. 1897. II. Aufl. Preis M. 30.
h) „Wassersport" Berlin SW. 48. Die Beilage „Von Fluß und See" enthält zahlreiche Wanderfahrten im Kanu. Erhältlich in geb. Jahresexemplaren M. 10.

Ruderlieder.

Im Verlage des „Wassersport" (Berlin SW. 48) sind erschienen „Ruder- und Segel-Lieder", neue Auflage in Vorbereitung, darin auch enthalten die Lieder des alten „Ruder-Gesangbuches" der „Olavia", des ersten Schüler-Rudervereins in Deutschland.

Mel.: **Auf, ihr Brüder, laßt uns wallen.**

Riemen aus, mit froher Seele!
„Vorwärts los!" mit voller Kraft!
Bringt ein Hoch aus frischer Kehle
Auf die deutsche Ruderschaft!
Durch der Riemen kräft'ge Schläge
Treiben wir das Boot dahin,
Und es weht auf unserm Wege
Frische Luft und froher Sinn.

Plätschernd brechen sich die Wogen
An des Bootes glattem Bord,
Durch der Brücken hohe Bogen
Schießen wir im Fluge fort;
Und an frischen grünen Matten,
An des Dorfes Häuserreih'
Und an dunklen Waldesschatten
Gleitet unser Boot vorbei.

Wo der Rudersport geheget,
Wo man seine Uebung preist,
Da ein frischer Sinn sich reget,
Da gedeihet Leib und Geist.

Zu des Lebens ernsten Pflichten
Schöpfen wir aus ihm die Kraft,
Nach des Tagewerks Verrichten
Rudern uns Erholung schafft.

Doch ruft einst zum Kampf zusammen
Kaiser Wilhelm Deutschlands Macht,
Der Begeist'rung heil'ge Flammen
Sind in uns'rer Brust entfacht,
Und es eilt die Ruderjugend
Zu des Vaterlandes Schutz
Mit des Wickings Heldentugend,
Mit des Normanns kühnem Trutz.

Drum, so lange Pflüge ziehen
Ueber deutsche Aecker fort,
Soll auf deutschen Strömen blühen
Edler, deutscher Rudersport —
Von der Donau blauen Quellen
Bis zum meerumschlung'nen Land,
Von des Rheines grünen Wellen
Bis zum fernen Memelstrand.

Zuerst gesungen am Stiftungsfeste des 3. G. R. V. am 27. Juni 1908.

Mel.: **Sind wir vereint zur guten Stunde.**

Froh nach des Tages Müh und Zwange,
Die Herzen frisch und sorgenfrei,
Begrüßen wir mit hellem Sange
Den Rud'rer und die Ruderei!
Die Wange glüht, die Augen glänzen,
Nur Freude herrschet rings im Saal,
Und Geister des Humors kredenzen
Den goldnen Wein uns im Pokal.

Wenn alles rings erstarrt im Eise,
Dann wird es still wohl im Verein,
Und die Befürchtung regt sich leise:
Wird auch die Zukunft hold uns sein?
So manche ziehen in die Weite
Und reißen Lücken hier und da,
Gar mancher fehlt, erprobt im Streite,
Den jeder ungern scheiden sah.

Doch Zweige mögen los sich winden,
Der Stamm bleibt unerschütterlich,
Wie Jahre kommen, Jahre schwinden,
Schmückt er mit neuen Zweigen sich.
Willkommen! die zum ersten Male
Erschienen heut' in uns'ren Reih'n!
Den Rittern gleich, vom heil'gen Grale,
Helft treu uns hüten den Verein.

Er blühe fort in Kraft und Würde,
Und fördere sein Ziel bewußt,
Erleichternd des Berufes Bürde,
Erstarkend Herz und Arm und Brust,
Für Frohsinn eine reine Quelle,
Der Freundschaft dienend, treu und warm,
Und, wie das Land von Meereswelle,
Umfangen von der Eintracht Arm.

VIVAT REMIGATIO!

von Gembus, G. R. V. Olavia.

Mel.: Gaudeamus igitur.

Vivat remigatio,
Vivant remigantes!
Vivant semper flumina,
Fontes, lacus, maria,
Scaphae fluitantes!

Floreat societas,
Crescat in aeternum
Sociorum numero,
Amicorum studio,
Vivat sempiterum!

Agite dunc socii
Bene remigemus
Ut in sano corpore
Mentis vim cum robore
Esse comprobemus.

**Vivat Guilelmus rex,
Patriae tutator!
Omniumque remigum
Fautor et praesidium
Magnus imperator!**

Inhalt.

	Seite
Vorwort	III—X
Erste Fahrt von Biebrich nach Düsseldorf	1—47
Zweite Fahrt von Düsseldorf nach Antwerpen	49—105
Anhang: Der Borussia Meerfahrt	108—118
Eine Wickinger-Fahrt	119—131
Vom Wannsee nach Hamburg im „Damenskuller" mit Vorschlag einer Dauer-Ruderfahrt für deutsche Schüler	132—145
Kanu-Technik	146—152

Bildschmuck.

Ganzseitig.

Nach Seite

Titelblatt. Von Caspar Scheuren.
   Oben: Germania auf dem Niederwald, rechts: „Frieden", links „Krieg".
   Mitte: Nonnenwerth und Drachenfels, links: Rolandsbogen und Ritter Toggenburg-Werther, rechts: Drachenfels und Siegfried Jung Deutschland.
   Unten: Grabgeleite, links der „Romantik", rechts der „Minne".

Rheinübergang bei Erbach. Von Them. von Eckenbrecher	6
„Hoch bei Caub". Von Them. von Eckenbrecher	22
Gelegenheitskauf. Von W. Simmler	38
Ankunft in der „Uhl". Von Alb. Baur	54
Abschied von der „Adder". Von Andreas Achenbach	70
„Geschleppt." Von E. Hartwich	86

Text-Illustrationen.

	Seite
Abbildung des „Ibis"	3
Kanu-Toilette. Von G. Nicolet	4
Villa Sicambria. Von G. Nicolet	7
Weinprobe. Von Bautier	10
Treideln. Von Ernst Roeber	11
Karte des Rheingau	14
Marienburg	20
Spritzenarbeit. Von W. Beckmann	23
Die Eltzburg. Von Caspar Scheuren	27
Vesper auf dem Wasser. Von Them. von Eckenbrecher	29
Laacher See	33
Biwak auf Nonnenwerth. Von Max Volkhart	36
Zons. Von W. Beckmann	44
Windmühle bei Zons. Von W. Beckmann	46
Bartolo. Von C. F. Deiker	48
Düsseldorf. Von Ad. Schmitz	54
Das alte Kaiserswerth. Von W. Beckmann	56
Uebersicht der Rheinfahrt	57
Haus Mehrum. Von Ernst Roeber	58
Denkmal der Elf vom Schill'schen Corps	61
Inneres des Domes von Xanten. Von Frz. Stegmann	62
Schenkenschantze. (Aus Merian.)	65
Regen-Biwak. Von Them. von Eckenbrecher	67
Höflichkeit auf dem Wasser. Von E. te Peerd	70
Treideln. Von Wilh. Camphausen	71
Ankunft in „de Klock". Von Vinc. St. Lerche	73
Schloß Loewenstein	74
Gornichem	75
Dammbruch bei der Stadt Hoorn. (Nach Merian.)	76
Haus Mervede im „verdronken Land". Von H. Liesegang	77
Karte von Seeland	78
Im Hollandsch-Diep. Von Hans Dahl	80
Ankunft in Moerdyk. Von Carl Mücke	81
Holländischer Kanal. Von R. Burnier	86
Seehunde. Von Ernst Roeber	90
Hohe See! (In der Ooster-Schelde.) Von Hans Dahl	91

	Seite
Kein moi farwater! Von E. Hünten	93
Wappen von Seeland	96
Belagerung von Antwerpen. (Aus Merian.)	97
Schlacht am Cowensteinschen Damm. (Aus Merian.)	98
Ankunft in Antwerpen. Von R. Fehdmer	100
Antwerpen im 17. Jahrhundert. Von W. Beckmann	103

www.ingramcontent.com/pod-product-compliance
Lightning Source LLC
Chambersburg PA
CBHW022022220426
43663CB00007B/1176